东山客家

走近一个桃花源

——肖平·著——

成都时代出版社
CHENGDU TIMES PRESS

图书在版编目（CIP）数据

东山客家：走进一个桃花源 / 肖平著. -- 成都：成都时代出版社，2019.9
ISBN 978-7-5464-2434-7

Ⅰ. ①东… Ⅱ. ①肖… Ⅲ. ①客家人—民族文化—中国—通俗读物 Ⅳ. ①K281.1-49

中国版本图书馆CIP数据核字（2019）第131898号

东山客家：走进一个桃花源

DONGSHAN KEJIA ZOUJIN YIGE TAOHUAYUAN

肖平 著

出 品 人　李若锋
责任编辑　蒋雪梅
责任校对　张　露
装帧设计　杨　艳
责任印制　李茜蕾

出版发行　成都时代出版社
电　　话　（028）86742352（编辑部）
网　　址　www.chengdusd.com
印　　刷　三河市明华印务有限公司
规　　格　165mm×240mm
印　　张　7.5
字　　数　87千
版　　次　2019年9月第1版
印　　次　2019年9月第1次印刷
书　　号　ISBN 978-7-5464-2434-7
定　　价　39.80元

目录

CONTENTS

≫ **第一章**
发现“土广东” / 002

≫ **第二章**
湖广填四川 / 014

≫ **第三章**
寻找“一世祖” / 030

≫ **第四章**
一个叫“洛带”的地方 / 044

≫ **第五章**
土陶骨瓮与客家人的良性迁徙 / 058

≫ **第六章**
客家人画像 / 072

≫ **第七章**
漂移的孤岛和“汉语化石” / 088

≫ **第八章**
乡土之恋 / 104

成都客家人的发现和被认知经历了一个漫长的过程，
从 20 世纪 40 年代一直到现在，
人们都在饶有兴致地谈论它，
然而真正深入了解还远远谈不上……

第一章
发现“土广东”

1946年春，成都华阳县凉水井（今成都市龙泉驿区十陵镇双林村）客家人卢光泉安详地坐在成都的一家茶馆里，向远道而来的中央研究院历史语言研究所教授董同龢示范客家话的发音情况。当时中央研究院一批学富五车的学者因抗日战争爆发迁入四川，他们引用新的研究方法，对四川地区的方言进行了两次系统的研究和调查。

董同龢注意到，在成都附近，尤其是城市以东数百平方公里的浅丘和山地，存在着一个有别于四川官话的特殊的语言群体，其发音似乎跟业已消失的中国古代汉语发音有着某种神秘的联系，这个现象引起了董同龢的浓厚兴趣。

坐在茶馆旧竹椅上的卢光泉一边喝着盖碗茶，一边用标准的客家话诠释着董教授提及的现代汉语词汇。下午的时光寂静而悠长，一些古老的音韵像透过窗缝的阳光照射进来，使客家人卢光泉的脸沐浴着一层明亮的光。这样的工作一直持续了16个下午。

1947年，董同龢根据录音资料整理出名为《华阳凉水井客家话记音》的长篇论文，发表于中央研究院《历史语言研究所集刊》第19册，后又分别由商务印书馆和科学出版社印行单行本。现在，当我们回想那16个难忘的下午，依然能感到在唇齿和茶香间飘飞的客家方言的雍容华美。在论文的前言部分，董同龢提供了关于成都客家人的一些基本情况：

自称“土广东”的成都东山客家人，因其迁徙历史的扑朔迷离和“耕读传家”的生存方式，历来被认为是一个谜团一般的民系。

客家入川的经过在文献上简直没有什么材料可供参考。根据他们的族谱以及口头传说，现在只有三点可以知道：(1) 时间最早的是清康熙年间，也有迟至同治时候的。(2) 来源多说是“长乐”，即今广东五华县。(3) 路线大致是经过湖南与贵州，由川南进成都平原。现在他们是在上述各地的许多乡村里聚族而居，自称“广东人”，称普通的四川人为“湖广人”。据我所知，有好多村镇，十分之九以上的居民都是“广东人”。在茶馆里议事或“赶场”时做生意，都应用他们的“土广东话。”他们的保守力量很大，虽然同时都会说普通的四川话以为对外之用，可是一进自己的范围，就有一种无形的力量使他们非说自己的话不可。据说他们都有历代相传的祖训，就是“不要忘掉祖宗的话”。小孩子如在家里说一句普通四川话，便会遭致大人的训斥。

民国年间，已在成都东山生息达两三百年的客家人开始引起少数学者的关注。在那些热闹的集市和小镇，客家人过着世外桃源般的生活。

这是70多年以前，一个醉心于民俗文化研究的中国学者对成都客家人的基本描述。在热闹的集市和春天盛开着油菜花的乡村，董同龢睁大惊奇的双眼，捕捉和琢磨着这奇特的文化事象。在这个文质彬彬戴一副细框眼镜的学者眼中，成都客家人仍像是个巨大的谜团牢牢地吸引着他。谜面虽然已经初露端倪，然而谜底还是扑朔迷离。

现在当我们重温董同龢当年的记载，可以发现成都客家人有以下一些基本特征：

首先，他们都不是成都的原住民，而是通过移民的方式从广东迁徙至成都的，移民的时间大约是清朝康熙至同治年间。其次，这是一个基本上被外界遗忘的族群，尽管他们从血缘上看是正宗的客家人，但在称谓上却被尴尬地称做“广东人”——由于实质上又非地地道道的广东人，所以干脆以“土广东人”称而呼之。这个非驴非马的称谓，从某种程度透露出成都客家人的神秘。第三，这个神秘的族群有很强的文化凝聚力和相对固执的文化传统，他们坚持使用母语。一个小孩如果在母语环境中不自觉地使用了四川官话，那么就会招致大人强烈的批评和训斥。

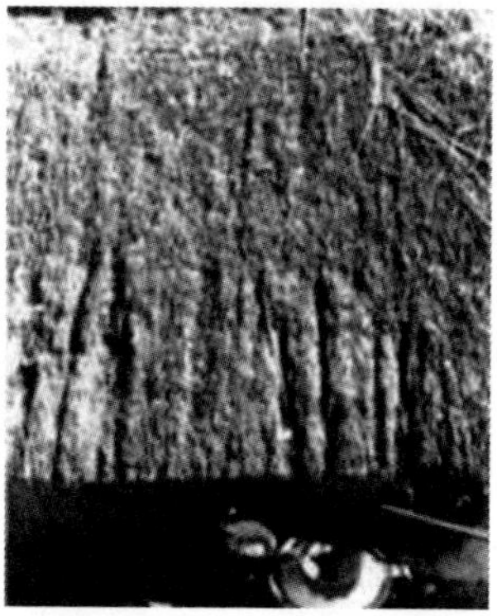

从岭南移居成都的客家人，坚持“住山不住坝”的居住传统，因而较为完好地保持了民系的语言和习俗。

董同龢发表的这篇论文尽管收录了3000多个客家词条发音，但它的影响也仅仅只是限于学界内部，成都的客家人并没有因为这篇文章的发表而引起关注和更深层次的认识。

事实上，在董同龢“发现”成都客家人以前，有一位本土学者已经对成都客家人进行过研究和揭示。1943年，一位叫钟禄元的学者在《风土杂志》创刊号上发表了《东山客家风俗一瞥》的文章，首次对成都东山地区的客家人进行了全方位的扫描。在这篇带有异国风情情调的文章里，钟禄元惊喜地谈到：“只要步出成都东门外牛市口，就可以听见那难懂的言语。”这里所说的“难懂的言语”，便是被成都人称为“土广东话”的客家话。

牛市口作为一个繁华的商业口岸，就像国境边缘的自由贸易区，连接着两种不同的文化和共同的商贸利益。但是，这个特殊的文化和商业地带又并非是僻远的，它就位于城市和乡村的连接点上，形成一个民俗和文化奇观；而在中国广袤的南方山区，客家人的聚居地往往是在人迹罕至的穷山恶水间。在成都，客家人却大批地聚居于繁华的城市近旁，跟另一个移民团体“湖广人”和另一种移民文化“湖广文化”保持既相互独立又相互交流的态势。

陈列于洛带镇客家博物馆的石碑，真实地记录了客家人来到成都的艰辛历史和固守自己文化的族群心态。

在这个商铺林立、茶馆酒肆密布的“城乡结合”部，东郊广大乡镇的客家人用鸡公车和扁担把丰富的农副产品运到这里交易，而城里的“湖广人”则通过这个文化和商业口岸获取各自所需的物资和信息，保持着移民社会特殊而丰富的社会形态。城里的人称城市东郊的人为“土广东人”，城市东郊的人称城里的人为“湖广人”。这两个移民群体不光有明显的语言差异，而且有着各自不同的文化习俗。尤其是“土广东人”，他们成千上万地聚居于城市以东的丘陵、山地、乡村，形成一个大范围的民俗文化村落，就像陶渊明笔下的“桃花源”，给人造成强烈的时空错觉和文化震撼力、诱惑力。

尽管不断地有人注意到成都的“客家人现象”，但成都客家人真正引起外界的关注，还是2001年国际客家学术研讨会在成都的召开。为了迎接这次盛会，新成立的四川省客家研究中心对成都东山地区的客家聚居地进行了一次全方位的田野调查，得出的结论是：在东山地区一共有将近50万客家人，而且在客家文化面临强势文化侵袭的情况下，客家人口超过80%的乡镇仍有不少，这让客家世界和外部世界感到吃惊。在这些特殊的民俗村落中，完好地保留着客家人的会馆、祠堂、族谱、语言等文化符号。无疑地，这块神奇的区域已然成为极其珍贵的民俗和文化标本了。

根据民国二十一年《华阳县志》所载，成都东山是指回龙泉山脉以东和龙泉山脉以西约 460 平方公里的丘陵区，由于地理位置的独特，形成了一个相对独立和完整的民俗文化区域，这也为外部人群认识成都客家人提供了一个地理依据。

上面介绍的是外部人群对于成都客家人的认识过程。那么对于成都客家人自身，又有怎样的认知、觉悟和反省过程呢？

1966 年秋天的一个傍晚，我出生在成都东郊一个叫“洛带”的客家人村落。童年的记忆里，我的世界是被两种文化所包围，一种是客家文化，一种是湖广文化。我们称呼自己所说的话叫“土广东话”，而称呼周边人群所说的话为“湖广话”。当时我有一种感觉，我所在的族群处于相对弱势的地位，而湖广文化则呈现居高临下的态势，因为他们人数众多，像一片海水紧紧地围绕着我们孤岛般的村落。学校老师和电台、电视节目都不使用客家话，而是使用湖广人所说的四川官话或普通话。即使我们在自己的村落中可以自由地

◀◀东山地区的名小吃“客家伤心粉”，源于客家人艰辛的迁徙史、创业史和对故乡的深切怀念之情。

◀一个叫“洛带”的客家村落，老人们把母语称为“土广东话”，这是一种带有大量汉语古音、古文字用法的奇特方言，属汉语中的一个支系。

使用母语，但跟湖广人交流的时候，却不得不将自己的口音和母语愧疚地隐藏起来，我们始终觉得“土广东话”确乎有一股土气，不能登大雅之堂。更为致命的是，我在东山地区生活了 17 年，一直不知道自己是客家人，而只模糊地知晓是从广东迁徙到成都的一支莫名其妙的民系，我不知道自己的族群历史和文化渊源。我的祖父和祖母都是目不识丁的农民，他们对祖先来历的阐释仅仅限于传说，而且是最近的传说，跟土地和艰苦的生活靠在一起，而不是跟典雅的族谱和高贵的血缘靠在一起。直到 1983 年冬天，我坐在北京一所大学的操场上，跟一个来自广东的同学闲谈时，才恍然大悟，彻底弄明白了自己的身世。那一天阳光明媚，两个有着相同血缘的年轻人坐在北方的天空下，使用母语倾心交流。令人吃惊的是，被时间和地域分割了差不多 300 年的母语，交流起来依然顺畅自如，像是被打破的瓷器又严丝合缝地拼接在一起。

那是一个令我终生难忘的下午，面色黎黑的广东同学第一次向我讲述了客家人的来历。他说，客家人的祖先最初都是中原汉人，而且许多都是官宦诗礼人家，他们崇尚文化厌恶战争，曾经在中原的深第大宅中度过了许多宁静的岁月，但是从西晋末年开始，随着北方少数民族的南下和农民战争的爆发，这些生活优越喜好诗书的汉人便一批一批往南迁徙。刚刚在一个新的居地安定下来，战火又烧了过来，因此通过屡次的南迁最终到达了福建、江西、广东交界处的茫茫群山。虽然那里的地理条件和文明程度跟他们的故乡比起来，简直有天壤之别，但毕竟是一个交通不便、战火不易滋扰的安全地带，因此这批来自中原的汉人便心安理得地在那儿安营扎寨。

成都的客家人来源于中国南方的“客家大本营”，秉承了许多华夏文化的优秀传统，他们的会馆、民居、祠堂中常能发现精致的木雕和儒雅的文化符号。

从南宋时期到明末清康熙、雍正年间五六百年的时间里，客家人在那片贫瘠的山地和纵横交错的河谷地带生息繁衍。有时候，他们仰望南方璀璨的星空，会回想起中原高敞的府第和世代相传的诗书生活，血缘中不灭的梦想和激情便像江河般涌流不息。他们在油灯下修订族谱，修建起高大坚固的土楼和围屋，整个家族的人都在这堡垒似的宏大建筑中安身立命，传承文化，憧憬未来，过着一种“耕读传家”的半隐居生活。那一块与时代几乎脱离关系的客家人聚居区，保留下来许多珍贵的古代汉语音韵，尤其是唐宋时期的中原语言。那些古奥珍稀的语言像化石上的鱼被意外地保留下来，成为了今天的客家方言。

那么，世代生息在南方的客家人怎么会大量出现于西部内陆一隅的成都呢？这个问题，我的那位广东同学当然不明就里，他甚至对成都也有客家人这个事实也深感震惊。

现在，我们且把客家人来到成都的原因抛置一边，先来弄明白为什么南方的客家人来到成都以后会被称为“土广东人”。这个令人难堪的称谓虽然是历史的真实记忆，但其中的奥秘却透露出几丝无奈、几许尴尬。

到现在我还清楚地记得，有一年中秋节，我乘坐从成都至洛带的班车回乡过节。车上的乘客大多是进城卖完水果的果农，他们此刻要乘车回到客家村落去。车内弥漫着浓烈的叶子烟味和此起彼伏的客家乡音，这种环境是我自小熟稔的，它使我感到安逸和自在。就在我座位的前排，刚好有一对城市的年轻情侣，看装束是到城东哪个镇去走亲戚。我听见女青年疑惑地轻声询问男友："怎么成都也有越南人?"这个故事是我亲身经历的，真实性毋庸置疑。我当时的痛苦和无奈是，如若把客家话听成粤语、吴语、闽语还好些，毕竟它们都是汉语方言的分支，而那个女青年却把它偏偏听成了外国话。

"土广东人"和"土广东话"这样的称谓，悲哀之处也正在这里。一方面是被外界彻底的误读，而且还带有明显的歧视色彩；另一方面连客家人自己也搞不清自己的族源。这些中原衣冠世家的后代，马不停蹄地在中国和世界的版图上匆忙迁徙，一路上到底丢掉了哪些东西？细想起来，他们既没有丢掉自己的母语，也没有丢掉自己的文化，而偏偏把最重要的姓名弄丢了。小时候我曾经听外祖父讲过家史，他只记得自己的祖先是从广东迁到四川来的，而且路途的艰辛还历历在目，可是他无法反对人家叫他"土广东"，他压根就不知道自己是客家人，是中原汉族长途跋涉、历尽艰辛保留下来的一个支系，一个正引起世界广泛关注的特殊族群。

由此看来，遗忘是致命的，也是注定要被纠正的。除此以外，还有一个问题值得特别关注——既然客家人广泛地分布于广东、江西、福建等南方省份，而且迁徙到成都的客家人里面也有不少江西籍、福建籍的客家人，那么他们为什么未被相应地称为"土江西人"

“土福建人”呢？

这个问题可看成是移民社会强势文化对弱势文化逐渐统一的结果，正如“湖广人”不仅是指从湖北、湖南两省迁入四川的移民，而是对多个省份移民被湖广文化统一后的泛指。相应地，“土广东人”也是泛指来自中国南方的客家人，只不过来自广东的客家人人数最多，文化方面也有某种先天的优势，因此就成为了南方客家人的通称。在我出生的那个村落，隔几条田垄，有一个叫“保胜村”的客家移民村落，大部分的居民是江西客家移民的后裔，而且他们也知道自己的祖籍是在江西，但他们无法回避和纠正“土广东人”的称呼，因为他们仅仅是客家移民中的一小部分，出于政治、经济、文化等方面权益的考虑，对这个不准确的称呼也只好默认。这样的例子在四川移民环境中非常常见，正如有很多移民说自己的祖籍是湖北麻城一样，那仅是出于生存的本能需要。

建于清代的广东会馆（洛带），精致华美，木构件上的浮雕仍在演绎着忠孝节义的辽远故事。（撑弓局部）

成都客家人的发现和被认知经历了一个漫长的过程，从20世纪40年代一直到现在，人们都在饶有兴致地谈论它，然而真正深入了解还远远谈不上，其中最主要的原因，是客家人本是汉族的一个分支，不像少数民族拥有鲜明的民族或语言文化特征，它仅仅是汉族中一个比较古老的、在一定历史时期被封存起来然后又突然像蒲公英的种子一样被广泛传播的族群而已。尤其是四川的客家人，他们脱离客家母体和世代生息的大本营已经有两三百年历史，它的特殊性不言而喻。恰是这个特殊性，使我们看到更为鲜活、丰富和多样的民俗奇观。

明末清初四川在经历过长达 30 多年的战乱以后，
昔日肥沃的土地大片大片抛荒，
过去繁华的城镇一座座坍塌在野草荆棘间，
在开阔而平坦的四川盆地里，
焦灼的土地像等待甘霖
一样等待着农人的锄头和汗水……

第二章

湖广填四川

客家人为什么抛弃南方的田原、故居，背井离乡、千里迢迢来到成都？这次大规模的移民行动是政府强制行为，还是民间自发行为？有关这个问题的答案，民间传说和官方史籍已经描述得相当清晰。

明末清初四川在经历过长达 30 多年的战乱以后，昔日肥沃的土地大片大片抛荒，过去繁华的城镇一座座坍塌在野草荆棘间，在开阔而平坦的四川盆地里，焦灼的土地像等待甘霖一样等待着农人的锄头和汗水，壅塞的街道市井急切地等待着车马的喧嚣和热闹的叫卖。

这幅《客家迁徙图》（局部）形象而真实地反映了客家千里迢迢迁入四川的历史往事。

清朝统一全国以后，恢复因战争而荒废的商贸和农垦成为首要大事。康熙七年，新任四川巡抚张德地忧心忡忡地向康熙皇帝上了一道奏折，表露出强烈的忧患意识。他说：我被皇上荣幸地任命为四川的最高地方官员，来到这片饱受战火摧残的地方一展宏图。但现在当我站在满目疮痍的昔日天府，增赋无策，税款难征，使我感到局促不安，寝食俱废。我等下官受皇上差遣，唯有精忠报国效忠朝廷。经过多方思索，我觉得要重振四川天府之国的美名，唯有招徕移民开垦土地，重建家园，除此似无别的良方上策（《清明史料·户部题本》）。

与此同时，张巡抚还在奏折中提及了一些移民办法。比如说，可以命令与四川相邻各省的地方官清查那些因战争而背井离乡的四川原籍人口，加以登记造册，然后由四川“差官接来安插”。当然，能在战争时期携带家眷出逃他省的人，也大半是乡绅仕宦人家，如果能让这些人回原籍从事农业开发、城市重建，势必会带动更多的人投入四川的战后重建工作。但是，张巡抚认为直接由中央政府出台一项移民政策，通过行政手段把人口密集省份的人民移来四川，这个办法才是最为妥当和现实的。

康熙皇帝坐在紫禁城的龙椅之上，也正为全国的税收和战后重建问题焦头烂额。他接二连三接到四川地方官的奏折，便召集相关部门听取汇报，正式颁布了面向全国的移民诏书，下令从湖南、湖北、广东、江西、福建、陕西等省向四川大规模移民。作为一种政府行为，我们在翻阅入川移民留下的族谱时，还能不时发现康熙皇帝的移民诏。皇帝的移民方略堂而皇之地出现在私家谱乘中，似乎说明一个家族迁徙的正当性、合理性。

客家望族从南方带到成都的青花瓷盘，这样的奢侈品对大多数贫穷的客家移民来说，是可望而不可即的。

明末清初长达 30 多年的战乱，使得四川人口锐减，人民流离失所，清政府在这样的背景下推行了“湖广填四川”的移民政策。

这份名为《康熙三十三年招民填川》的著名诏书，大意是这样的：我承袭先帝的遗统做了大清国的皇帝，谦虚地说，我觉得自己的执政能力非常平庸，心中愧对列祖列宗。但是幸好当今天下四海升平，八方安定，赋税的征收情况也逐年有所递增，这才稍微使朕心安一些。现在我日夜焦虑的只是一件事：四川这么肥沃的一块地方，自从经过张献忠的蹂躏，已变得面目全非，千疮百孔。很长一段时间以来，四川的土地得不到开辟，田野得不到整治，城市得不到修复。尤其是这两年，四川贡赋的征收情况尤其不能令我满意。虽然你们这些下官已经尽了最大努力，但离大清国库的支出还有很大的距离。朕昨天还在抠脑袋，是不是可以加征江南一带的税费以解燃眉之急呀？但回头一想，朕又不是暴君，怎么能无缘无故加重江南人民的负担呢？今儿有户部两名官员替朕出主意，说是湖南、湖北、江西、广东等地人口稠密，建议朕从上述几个地方往四川移民。朕一想，这倒是个不坏的主意。于是朕就给户部的官儿们说，你们立即草拟文件，饬令湖北、湖南等地的文武官员知悉，凡是愿意到四川去开垦纳粮的黎民百姓，都应该给他们提供方便，毋得设置关隘横加阻挠。注意，我知道你们这些地方官贪财的毛病，移民入川先不要启征赋税，待田亩成熟以后再征不迟。凡是地方官员招募移民特别有成绩的，朕就给他更高的顶戴和官职。众爱卿，快快领了朕的旨意去办吧。

当然，类似的诏书和行政指令在清初还有不少。清政府的决心和意图已十分明确，那就是通过各种行政手段鼓励地方官员参与到移民的行动中来。为了充分调动各级官员的积极性，清朝政府甚至在顺治十四年就颁布了面向全国的《劝垦则例》。这个则例根据官员的级别来进行记录和奖励。比如像总督、巡抚、按察史之类的省部级官员，只要一年之内开垦2000顷以上土地，就给予记录；如果开垦至6000顷以上，那么就可官升一级。道台和州府这

从湖南、湖北入川的移民修建的会馆叫“湖广会馆”，馆中楹联往往反映出豪迈的创业精神和对新居地的眷恋。（洛带镇湖广会馆前殿楹联）

些“厅局级”官员，只要垦荒至1000顷以上，也可以量与记录；若达到2000顷以上，那么也可以官升一级。至于州衙县令这些“县处级”官员，只要勤勤恳恳开荒至100顷以上，也量与记录一次；若开垦记录达到300顷以上了，那么就可以升成“厅局级”官员。至于卫、所等“科级”官员，政府也不因其官小势微而虐待他们，能垦荒至100顷以上，也给他们加官晋爵一级，并发给代表荣誉的匾额和旌旗，以示奖励。

客家人来到成都东山以后，已把荒芜的龙泉山脉营造成了著名的花果之乡。

根据这个原则，四川巡抚张德地也提出一项针对移民填川的奖励政策，并报清朝政府批准实施。张巡抚的建议是这样的：“四川文武各官招民复业，每百家记录一次，四百家加一级，五百家加二级，六百家加三级，七百家以上不论俸满即升。”意思是说，不论你是哪一级的官员，只要能从本省外招民七百家入川垦荒，那么不管你任期满与不满，都可升官。

把移民的成绩跟地方官员的政绩及升迁结合起来，无疑是切中了重振四川农业经济的要害。四川湖广（湖北、湖南两地当时统称“湖广省”）总督蔡毓荣甚至在康熙十年出台了一项更绝的优惠政策，那就是让候选的州同、州判、县丞及举贡、监生、生员等人参与到招民垦荒的活动中来。由于这些候选的官员没有实职，因此很容易被调动起积极性，只要以上诸人招民三百户在荒僻的地方垦荒成熟，那么就可以授予他们该县县令的实职。这是针对各级地方官员制定的奖励政策。

对于愿意到四川垦荒的外省民众，政府又给予怎样的优惠政策呢？当时清政府对全国荒土开垦曾经出台过一项赋税减免的优惠政策，即开垦三年以上才起征田亩税。但针对四川的特殊情况，政府又额外优惠：荒芜得特别厉害的田亩准令六年起科，生地荒山开垦准令十年起科；水田三年起科，旱地五年起科，零星的土地任由移民开垦，永免升科。同时清朝政府还鼓励生育，因为当时四川的人口数与土地数完全不成比例。因此，在康熙年间四川盛行过一种名为“盛世滋生册”的户口制度，即对盛世大量出生的人口永不加收人头赋。

在诸多优惠政策的诱导下，一场四川历史上罕见的大规模移民运动在全国十多个省份悄悄酝酿着。

迁徙至四川的外省人“互以乡谊联名建庙”，称为“会馆”，它是移民在新居地的精神归依之地。（摄于洛带镇广东会馆）

成都客家人内部至今流传着一些经典的移民故事和传说。这些故事和传说，是在农闲季节的田间地头和晒场屋角作为精彩的口头文学代代相传的。其中有一个故事流传甚广，说的是清朝初年，经过明朝末年的战乱和瘟疫以后，四川剩下的人口不多了。四川总督赶紧给皇上奏本说："四川的土地肥得流油，荒着太可惜了，请皇上赶紧迁人来。"皇上看了奏本后，点点头，马上喊户部尚书来问："爱卿，哪些省的人最多?"户部尚书回答说："湖广（湖南、湖北）、广东两省的人最多。"这下，皇上便下旨到湖广、广东，命令两省总督赶紧迁人到四川去。广东总督接旨后吓慌了，赶紧喊来户籍司查户口。查来查去，查到说客家话的汉人人口最多，于是总督就下令到客家人居住的州县，叫当地官员喊客家人搬迁。嗬哟，这些客家人哪里肯搬哟，有的哭，有的骂，不管县官咋个催，他们都不肯动，说："我们祖祖辈辈都住在这个地方，一下子要搬这么远去，哪有这本书卖?"县官把这种情况禀报给州官，州官又上报给总督。总督虽说可怜这些客家人，但不敢冒犯皇上，只好派士兵押客家人去四川。客家人男女老少被绳子拴起，连成一串串，一路哭一路骂地离开了家乡。

村中的父老在讲述这个故事的时候，当然不是直接说自己是客家人，而是说他们村子里的人全都被官兵们押往了四川，似乎这纯粹是政府强制性的移民事件。但是，从成都东山一带客家人流传下来的族谱看，我们没有发现一丁点强制移民的蛛丝马迹，每一个家族记载他们的入川一世祖时，都强调那是一种自发的、主动的创业行为，跟官兵的押送丝毫沾不上边。

比如，成都新编《林氏族谱》就记载他们的祖先"茂海公"等人，"遥闻川省出产丰富，沃野千里，人民殷富，天将启吾以行"。殷

据客家老人说，客家人的祖先是被捆绑着双手来到成都的，途中要方便只能让押送的官兵松绑，因此直到现在，客家人仍把上厕所称为“解手”。

实、富庶是外省人对四川的一个恒久印象，这个印象根深蒂固，很难从他们的记忆中抹除。现在老天爷拱手把这个机会让出来，不去四川岂非犯傻？而且从客家人勇于开拓进取的精神和长期迁徙的生存境况看，强调“我们祖祖辈辈都住在这个地方，一下子要搬这么远去，哪有这本书卖”显然不符合史实。成都《李氏族谱》在记载他们的祖先从广东起程入川时，说了一句振聋发聩的豪言壮语：“鹤不发顶则难宏其声，蟹不脱壳则难大其腔，与其故乡之是恋，曷若迁地以为良!”同样，成都《范氏族谱》在记载他们的祖先范端雅于雍正年间从广东嘉应州长乐县起程入川时，也说过类似的话：“大丈夫志四方，奚必株守桑梓?”

因此，我们有足够的理由认为，民间传说中所呈现的那群恋家而怕生的广东客家人完全是没有根据的杜撰，其目的只是为了使“拴绑”和后来四川人爱用的“解手”一词结合起来，从而在方言和他们的历史之间搭建起一座桥梁。

广东客家人被捆绑双手押往四川的过程，据客家村落的父老乡亲传说，是一个类似于充军和流放的过程。在漫长而艰辛的旅途中，

东山地区客家人使用的红砂石浮雕水缸。

每当客家人内急想方便的时候，就不得不向官兵央求："官爷，我想到路边的草丛中去方便一下，请帮我解开双手好吗？"于是押送的官兵就上去给他们松绑，待方便完毕，又用绳子捆绑上，像驱赶鸡鸭一样匆匆向四川赶去。由于旅途中解手方便的事经常发生，以至于客家人来到四川以后，已习惯性地把上厕所称为了"解手"。

这个故事作为移民背景下一个有趣的插曲，曾在广东客家人内部广泛地流传。然而传说毕竟只是传说，它很难在当时的移民文献中找到相应的记载。

关于南方客家人大量移居成都，除了上面谈到的客家人擅长迁徙和勇于开拓的原因外，跟当时南方地区常常出现自然灾害也有关系。譬如，民国《林氏族谱》解释他们的祖先来到成都的原因时说："适值明末清初新旧交替之时，苦于兵役之繁，赋敛之重，兼以潮惠一带地方饥荒，连年民不聊生，不得已而为迁徙之计，离东粤而赴西蜀。"类似的例子还有很多，比如康熙六十年（公元

1721 年)，福建武平县人王子享，因“是岁大饥，公年五十三，挈妻及二子迁蜀……父子力耕，家道益盛”。雍正二年（公元 1724 年)，广东兴宁县人廖凤绚因“念父母菽水无资也，诸弟之嗷嗷待哺也，而粤又地狭人稠，且连岁荒旱也，恒郁郁。闻蜀中地广人稀岁丰稔，流人至者咸得意，辄欣然愿往”。

熟悉客家历史的人知道，客家人在南方山地的大本营中生息繁衍数百年以后，人口和土地之间的矛盾开始暴露出来。加之江西、福建、广东交界的山区可供其繁衍的自然条件十分有限，因此向外扩张和迁徙的必然性逐渐显露出来。根据文献记载，当时客居南方山地的中原客家人，为了和当地土著争夺灌溉、土地等生存权利，曾经发生过大规模的械斗。

▲客家人背井离乡的愁苦，已经被现实的安乐冲淡了，然而对往事的追述，还是能激起客家人对祖先的感念。(摄于洛带镇湖广会馆)

▲▲移民们初期的生活十分窘迫，充满艰辛，然而也有“掏耳朵”这样的小安逸来弥补身心的劳累。

这种因生存竞争而导致的恶性事件，使当地政府和朝廷也深感震惊。为了解决这个矛盾，把生存压力越来越大的客家族群往外疏散，就成了政府不得不加紧考虑的问题。从清代初期开始，生息在南方大本营中的客家人开始通过政府的疏导和自发的移民行动，扩散到沿海的多个省份、台湾以及海外，成都的客家人也是在这种特殊的背景之下，不远千里迁徙而来。

最早研究成都客家人现象的钟禄元和董同龢先生似乎都注意到同一个问题，即客家人往往喜欢聚族而居，有着强大的文化凝聚力，而且对居住条件的选择也不挑剔，他们对山地生活似乎情有独钟，表现出一种隐忍和坚韧的生活哲学。在成都东山广袤的丘陵、黄土和山区地带，50万客家人形成了一个特殊的文化和民俗聚落区。跟川西平原肥沃的良田、便利的灌溉条件相比，东山地区的自然生存条件明显要差很多。但“住山不住坝”的生存法则，跟客家人在南方的生活方式却十分相似，这是偶然的巧合，还是客家人有意而为的呢？

客家人习惯山地生活，然而成都东山客家人之所以选择山地、丘陵为他们的聚居地，却是跟他们到达成都的时间较晚有关。（摄于山泉铺）

20 世纪 80 年代，成都的民间文化学者曾经在成都东山客家人聚居区搜集到一些关于客家人的口述材料。其中就有一则关于客家人“住山不住坝”的传说，对客家人选择居地条件做了看似合理的解释：当湖广、广东等省的移民来到四川盆地后，总督叫他们各自用竹桩或芭茅去圈占地盘。这样一来，大家都争先恐后地去圈占平坝和良田，争得冤冤不解。湖广人长得高高大大，就要打那些长得比较矮小的广东人。一个老年客家阿公赶紧出来拦住，他跟客家人说：“你们不要跟他们争，我们早先住在海边上，未必还没有被水淹够？让他们住平坝坝，淹死他们。我们去圈高地，大家住在一起又不会遭水淹，也不怕他们肇事。”这样，客家人就都住到山上或坡地上了。

这则口述材料对于我们了解成都客家人的文化心理无疑是绝好的素材。首先，我们发现客家人客居他乡的心理阴影一直紧紧地伴随着他们，即使离开了南方的山地，这种客居心理仍然难以消除。从客家人的迁徙和发展历史看，客居他乡的现实使得成都的客家人采取了一种忍让甚至退避的面世法则，把良田和平坝让给湖广人，

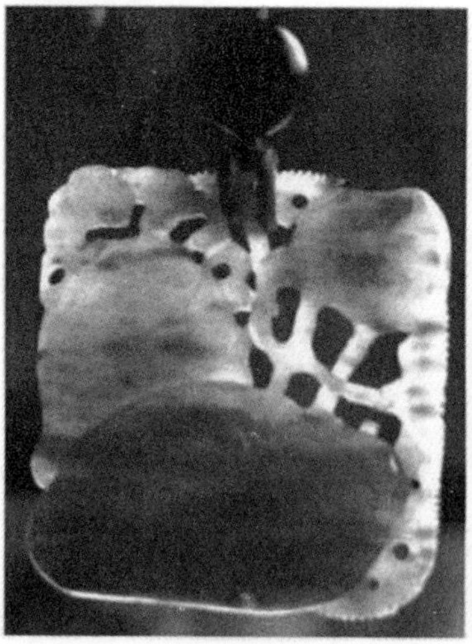

▶祖传的客家翡翠小饰件，多戴于儿童颈部，据说可消病除灾。

▶▶有学者考证诸葛亮的“木牛流马”就是四川的“鸡公车”，这种运输工具对生存条件艰苦的成都客家人来说，无疑是最佳的交通和运输帮手。（摄于洛带镇客家博物馆）

客家人在东山地区修建的会馆，如今正在成为全世界客家人膜拜先祖、沟通亲情的最佳场所。（广东会馆的天井和回廊）

而把山地和土坡留给了自己。这是在跟外部人群打交道时采取的方法，而客家人内部则由于文化和族群的归属感，形成一个凝聚力非常强的文化团体，以抵御在新环境中的各种文化侵袭和利益冲突。遥想当年，客家人为躲避中原的战火，一次又一次向南迁入相对封闭和安全的地带，这种“不与秦塞通人烟”的生存理念，似乎成为了他们的祖训和本能。

成都地区客家人的分布情况似乎印证了上述观点，但对当时的移民环境细加体察，我们发现还有一些原因促使客家人按现在的规律选择居地：

首先，从客家人来到成都的时间上看，他们大多是在康熙和雍正年间才起程入川的，路途既漫长又艰辛，加之到达四川后又几经辗转才来到成都，因此在时间的先后顺序上，就明显晚于湖广移民和邻近省份的移民。在移民的初期阶段，对土地的拥有确实如上述材料所言，可以各自“用竹桩或芭茅”去自由地圈占土地。现在，我们还偶尔能听到这样的例子：一个成都人说另一个成都人资格老，会说：“哟！你哥子资格老哦，还是插茅秆花的。”可以推断，这是当时环境下新移民对老移民的称谓。

其次，来自遥远南方的客家人作为晚近的移民，当他们拖家带口来到成都平原以后，站在某个荒凉的山包上放眼一望，只见平原里的良田已经布满了竹桩和芭茅这样的“记号”。换句话说，那些沃野良田已经被先期到来的移民占为己有，于是只好退而求其次，去圈占那些条件稍差的丘陵和山地。

除此以外，还有一个原因是造成成都客家人“住山不住坝”的主因，那就是政府的有意安插。当十多个省份的移民陆陆续续来到四川以后，出于管理的方便和移民们利益的需要，政府往往把同一个省份的移民安插在一个特定的区域。这样的例子非常多，比如一条河流的东岸和西岸安排不同省份的移民居住，山地与河谷之间也按省份或族群进行合理的分配。这样的做法在移民初期具有某种必要，因为乡土和省籍观念的相对统一可以使移民感到更加安全。成都客家人大量分布于东山一带的丘陵、山地，最主要的原因应当是政府的安插，而非客家人自己所说，是“住山不住坝”的习俗使然。

客家人几乎有一种与生俱来的精神品质，
那就是吃苦耐劳，勇于开拓，
面对各种各样的困难从不言败，
几乎每一本族谱，都非常细致地记录了
“入川一世祖”的言行，
把它作为子孙后代需要认真汲取的养料
加以妥善保存。

第三章
寻找“一世祖”

客家人修建的会馆供奉“故地名神”禅宗六祖，佛教跟他们有着久远而亲密的联系。（此图摄于金龙寺，名“童子拜观音”）

像所有坚守自己文化传统的族群一样，成都客家人大量地保存着关于家族和移民的记忆，即使两三百年的光阴已像沙子和流水一样匆匆逝去，但这种记忆历久弥新。以前在客家村落生活的时候，我时常见到这样的景象：一个目不识丁的客家老人，从破旧的箱子里面拿出一本用红布包裹的族谱，一层一层揭开，像爱惜生命那样轻轻摩挲着它的封面，上面有这个家族的煌煌姓氏和生命气息，然后再小心翼翼地把霉蛀的家谱拿到阳光下曝晒。风一页一页地翻动着这具有历史和生命意义的书页，客家人来到成都的种种经历和细节，便如无声的电影一幕幕放映出来。虽然画面已经黯黄，配音已经沙哑，但它的真实性依然深深地打动每一个人的心。

像这些生息在东山的候鸟一样，客家人十分感念家族中第一个从南方来川的“一世祖”。（摄于洛带镇玉带湖）

1999—2000 年，四川省客家研究中心在对成都东山地区客家人聚居区进行大规模田野调查时，搜集到数十本客家族谱。这些珍贵的私家文献真实地记录了客家人来到成都的种种经历，它们或悲凉感人，或壮怀激烈，或慷慨悲歌，或可歌可泣，留给子孙后代一笔珍贵的精神遗产。

为了原生态地记录客家人来到成都的全过程，下面将介绍三个家族的迁徙史和创业史，以便我们对这次移民事件有一个更感性生动的认识。

第一本族谱的收藏者是成都市龙泉驿区十陵镇的卢光松，题为《卢氏族谱》，系清光绪三十四年（公元 1908 年）根据旧族谱续修而成。卢氏先祖卢仁彦世居广东梅县南 120 里之嵩螺山下砂田乡，娶妻钟氏，共生养了四个孩子，大儿子叫卢奕槐，二儿子叫卢奕桂，三儿子叫卢奕集，四儿子叫卢奕桢。一家人农耕为业，生计颇为艰难。卢仁彦早就听说成都平原乃膏腴肥美之地，同乡中有人移民前去都创业有成。为了得到移民们在成都的真实情况，卢仁彦打算派一个儿子前去打探，待侦得可靠消息再移民不迟。一天晚天，卢仁彦和妻子钟氏在油灯下仔细合计：大儿子卢奕槐虽说年龄稍长，但长期帮人佣工，一时恐难脱身前往四川；三儿子卢奕集年仅十一二岁，还是个不谙世事的孩子；四儿子卢奕桢更小，才四岁，更没有理由让他千里迢迢赶往四川打探消息。盘算来盘算去，只有二儿子卢奕桂还算合适。于是，卢仁彦和妻子钟氏就把卢奕桂唤至跟前，把父母的意思向他一一做了交代，然后命他跟随前往四川的移民去到成都，尽快把真实的消息带回广东，以便卢家好做下一步的打算。

两年以后，卢奕桂风尘仆仆回到广东梅县老家。卢仁彦和钟氏看见儿子因长期风餐露宿，模样变得又黑又瘦，非常心疼，但可喜的是奕桂长高了一节，而且精神状态非常好，眼里闪着异常兴奋的光芒。奕桂告诉父母：成都那地方“田肥美，地宽平，禾麻黍麦种无不宜，真沃壤也”！卢仁彦听罢儿子的描述，将大腿一拍道：“与其在老家忍冻挨饿，艰难度日，不如到成都去闯一闯，说不定能闯出一片宽阔的天地也未可知。”

主意拿定，卢仁彦便卖掉大部分的田原家产作为移民盘缠，又准备了行李箱被等物品，并请乡里的算命先生择了吉日。乾隆戊寅年正月，卢仁彦带领二儿子卢奕桂、三儿子卢奕集、四儿子卢奕桢离开广东向四川迁徙，妻子钟氏和大儿子卢奕槐一直将父子四人送出村口，忍不住流下离别的热泪。

◀◀洛带镇湖广会馆捐资修缮记事碑，记录了重修会馆的盛况和“湖广人”的捐资数额。

◀残存的东山古驿道，是客家人开发东山地区的珍贵历史见证。

父子四个挑的挑担，背的背包，过了大江，又是大河，一路披星戴月风尘仆仆向成都赶来。据族谱记载，这一路的行程一共花去了三个多月，他们带着一身的疲惫和创业的热情，终于来到成都府华阳县北门外的隆兴场，依附在先期抵蜀的族人卢朝华家里落下脚来。由于旅途过于劳顿，每个人的脚都打起了血泡，因此卢仁彦让儿子们休息了三天。在这三天时间里，卢氏父子耳闻目睹了移民社会万象更新、欣欣向荣的繁荣场面，很多从外省迁徙到这儿的人都喜气洋洋，抱着要大干一场、创下一个庞大家业的勇气和信心。这让卢氏父子既感到压力，又感到兴奋。第四天天还没亮，卢仁彦就把三个儿子叫起床，让二儿子卢奕桂去给乡邻当佣工，三儿子卢奕集去帮广东来的族党放牛，自己和四儿子卢奕桢则用剩下的盘缠租了几亩土地耕种。离别家园的愁思和奋勇创业的决心，让卢氏父子更加坚定了在成都成家立业的勇气。他们披星戴月，劳苦耕作，希望用最短的时间买下属于自己的田地，修建起高大轩敞的住房。

又过了两年，留在广东老家的大儿子卢奕槐也带着母亲钟氏来到成都，一个在南方生息数百年的家族终于在成都团聚。

卢仁彦见家里人口众多，儿子们也都到了娶妻生子的年龄，而现在只有薄薄几亩旱土糊口，难以维持生计，于是便用历年的积蓄租赁了数十亩的田地进行耕种；过了几年，又租佃倒石桥邓家田地数十亩；辛丑年，又当下土桥朱姓田产。到乾隆甲辰年，终于在华阳凉水井修建起一座宅院，一家人开始过上丰衣足食的生活。但可惜天有不测风云，仅仅在凉水井居住了一年，卢仁彦就因病去世，享年 82 岁。

卢氏兄弟安葬完父亲以后，回想起父亲带领他们从广东来到四川创业的艰苦岁月，都感慨万端，立志要努力耕耘，完成父亲未竟

客家人有聚族而居的传统，这也是他们的语言、文化得以完善保存的先决条件。（摄于大面铺）

的遗愿。到嘉庆戊午年，卢氏兄弟用积蓄买下崔家店大坟包邓姓田产一处；己巳年，又买下莲花堰刘姓田产一处，加上凉水井自己的田产，一共有500多亩。昔日稚嫩的南方青年，现在已是成家立业，出落成了一条条精壮的汉子。一天，兄弟们在老屋的祖堂前焚香告祖，然后聚在一起商议道："卢家现在虽不敢说是巨富，但生活富足有余还是客观的。现在四兄弟同室而居，对田产和家业的管理很难统一，是否可以采取分家的办法，一方面使兄弟们独立生活，另一方面又形成一种竞争的局面，大大有益于卢氏家族在成都的发展壮大。"兄弟几个对分家的建议都举双手赞成。在族中长老的主持下，卢家四兄弟在祖灵前又一次焚香膜拜，然后把卢家田产一分为四，都分别写在纸条上，按抓阄的方式进行公平分配。结果，二儿子卢奕桂分到崔家店大坟包的田产，三儿子卢奕集分到凉水井的部分田产，四儿子卢奕桢分得莲花堰的一部分田产，长子卢奕槐则分到凉水井和莲花堰两处田产。从此以后，兄弟四人各理家业，均有所成。两年后，长子卢奕槐因病去世，他名下凉水井的田产房屋都无偿转给老三卢奕集继承。

《卢氏族谱》完整地记载了一个客家家庭从广东迁到四川的创业过程，从下无立锥之地、上无片瓦遮身，一直到创下一个庞大的家业，繁衍出一个人丁兴旺的家族，这几乎是每一个来到四川的客家家庭的共同经历。

第二本即将向读者揭示的，是清咸丰六年（公元1856年）所修《巫氏族谱》，收藏者为成都市龙泉驿区洛带镇巫士专。巫家在洛带是名闻遐迩的旺族，曾建有“巫氏大夫第”等宏伟建筑。族谱记载了巫氏兄弟从广东来成都的曲折过程以及悲壮感人的故事。

巫家祖居广东长乐县，乃读书仕宦人家。父亲巫象嶷，娶妻张氏，从小喜“读书属文”，曾经多次参加童子试，但都没有考中；后来生下三个儿子，长子巫锡伟，二子巫锡俊，三子巫锡佐。巫象嶷因为科考失败，便把读书中举的梦想转移到阴阳风水历数上，有一次竟然租了几条船到海上探险，但路途遇到飓风，船被大风吹到福建漳州。巫象嶷因为海上惊吓，忽然变得疯癫。长子巫锡伟闻讯后，火速赶往福建漳州。见到父亲巫象嶷时，父

客家石桅杆底座，蕴含生殖崇拜的寓意。

亲已经卧病在床，而且神志不清，身边所带银两也被船上的人洗劫一空。巫锡伟感到非常愤怒，便把父亲海上遇难、随身盘缠被劫一事告知当地官府，希望官府立案追回所失银两。官府派人调查，讯问口供，但巫象嶷已经完全精神失常，看见生人就像打斗的公鸡，揎拳捋袖要上去跟人家拼命，根本问不出个究竟来。巫锡伟心想：财物毕竟是身外之物，生不带来，死不带去，何必让病中的父亲在此久留呢？于是不等结案，就带上父亲悄悄回到广东长乐老家。本来殷实的家道因为这个波折逐渐衰落了。

巫锡伟感到在家长呆也不是办法，又听说广东有很多人移往四川，而且大多数的人都实现了他们的淘金梦，恰好二弟锡俊也于前些年入川贸易，据说在四川成都东门外的洛带镇已经积攒下很大的家业。于是，巫锡伟就把疯癫的父亲和年迈的母亲托付给三弟锡佐照料，自己带上妻子和孩子向四川进发。

成都地区发现的客家图腾柱，它既是生殖崇拜的象征，也是该民系奋发进取的精神支柱。（摄于药王庙）

▲成都东山金龙寺童子拜观音石刻，是客家人经常光顾焚香的地方。

▲▲祠堂是客家人每一个家庭纪念先祖的地方，尤其是入川一世祖，往往得到后裔们最虔诚的赞颂。

入川以后，巫锡伟一家先是流寓在荣昌东关一带，后来又迁徙到永川县王家坪。这一时期，巫锡伟穷愁潦倒，唯有贸易或替人佣工耕地，来解决一家八口的生计问题。但巫锡伟尽管身处逆境，而且在一个完全陌生的环境中讨生活，仍然不忘客家人“耕读传家”的祖训。族谱记载说：巫锡伟“晓则贸易于外，晚则篝灯折荻，以书课子，口讲指画，一室声琅琅，常达旦不寐”。他完全是把家里当成了学堂，希望子女将来做一个有知识的人。

后来生存境况有所好转，通过做生意也挣了一点钱。这时候巫锡伟就想到了广东的父母，作为长子，他不能尽承欢膝下的孝子之心，唯有把挣来的钱托人带回故乡孝敬父母，自己却极为节俭。

乾隆壬戌年，三弟锡佐来川探亲。巫锡伟得知父母在广东长乐乡下仍身体安康，这才稍微安下心来。不久锡佐打算返回广东，巫锡伟又把历年所得都交付给他，希望三弟替自己尽一分做人子的孝道。逾年，故乡广东捎来一封书信，看字迹是三弟锡佐所书，吃惊之余拆开一看，原来锡佐尚未抵家，父亲巫象嶷已在广东老家病逝。噩耗传来，巫锡伟面向故乡的方向跪下，捶胸顿足，号啕痛哭。为了尽快回家奔丧，巫锡伟打算先到成都叫上二弟锡俊，然后兄弟俩一起回乡。但当巫锡伟赶到成都巫锡俊的商铺时，被下人告知锡俊最近到外地贸易去了，至迟要两三个月才能回来。

巫锡伟颓然地坐在二弟的商铺里，脑中一片空白。回家替父亲奔丧的念头没有实现，这让巫锡伟感到既愧疚又悲伤。几年以后，巫锡伟家境稍微宽裕一些，便打定主意回广东老家看一看。当他日夜兼程赶到广东长乐时，却发现家已经不在了。推开邻里的家门一问，方才得知母亲张氏已于数年前去世，三弟锡佐现在已经不在长乐居住，而是携家带口搬到了广州。站在父母坟茔前的巫锡伟心中黯然，他在那儿默默地陪伴了父母一天，心中想到，现在兄弟都离散了，有的在四川，有的在广州，将来谁为父母烧香上坟？此时此刻，一个念头浮上脑海：莫如把父亲的遗骨迁到四川，让他们好有个真正的安息之地。于是，巫锡伟便用一口瓷缸，装上父母的遗骸，一路上小心保护，带回了四川安葬。

巫锡伟于乾隆己丑年去世，身后留下六个儿子。二儿子巫作江后来迁居成都东郊洛带镇，成为巫氏家族的主要创始人之一。

第三个我想向读者介绍的家族，是从广东嘉应州兴宁县上蓝埔迁到四川成都的廖氏家族。其祖廖体用，生于康熙十年十月十三日，这年岁末，因为粤省荒旱，廖氏家族的一些人便商议把祖茔及周边田产卖掉，以度年关。廖体用坚决反对，说再苦再穷，也不能卖掉祖宗的坟茔和田产；如若那样做，你们难道不怕天打雷劈吗？但族里的强人怎能听他的？三下五除二就把祖茔给卖掉了，而且还派人把廖体用该得的那份银两送上门。廖体用气愤至极，将银两一把摔在地上，厉声骂道："你们这些猪狗不如的东西，祖先的血食也好意思吞下肚去！"骂得那个送钱来的族人羞愧而退。

东山客家最信奉的"神"是禅宗六祖慧能（又称南华老祖），因此佛教在客家人聚居地比较盛行，寺庙和造像也多。

大年三十晚上祭祖，廖体用跪在祖宗灵位前，大骂族人的可耻行为，诅咒他们遭到老天的严厉惩罚。这一骂让族中的强人们感到十分恐怖，他们聚在一起商议，说决不能饶了廖体用这个家伙，要么把他一阵乱棒打死，要么将他溺水而亡，总之不能轻饶了他。廖体用得知这个消息，心里明白自己继续留在这个"不仁不义"的家族里，绝不会有好果子吃。于是连夜跟妻子薛氏商议，打算第二天正月初一就逃走，逃往四川。

廖体用有一个儿子叫廖凤绚，已经于雍正二年跟随"湖广填四川"的移民潮迁往四川了，前不久还来信说："蜀中土旷人稀，地多腴壤，货物兹殖，衣食易谋。"劝父亲廖体用赶紧去四川谋生。当时廖体用还念着祖先香火、家宅田产，迟迟不肯动身，但族人私卖祖茔且扬言要将他殴打致死一事，坚定了他前往四川的信心。

雍正四年正月初一，广东嘉应州兴宁县上蓝埔的人们沉浸在节日的欢乐中，而这一天廖体用一家却匆匆踏上奔向四川的逃亡之路。这一年廖体用已经是 56 岁高龄，次子廖寿廷 16 岁，三子廖杰廷 11 岁，四子廖廉廷年仅 5 岁。

客家人聚居地的小寺庙石刻佛像。

由于起程的时间过于匆忙，加之家境本来就很贫寒，廖体用这次出门只随身携带了 400 个小钱。旅途的艰辛真是用言语难以形容，到这年岁末，方才抵达湖北。一家人栖身在路边的一座破庙里，寒风从窗洞中呼呼地吹进来，大家感到又冷又饿，眼看没有盘缠继续赶路，廖体用便给在四川的大儿子廖凤绚写了一封信，托前往四川的广东乡亲代为转交。

廖凤绚在四川收到父亲的书信，悲喜交集，赶紧向主人说明情况，取出佣资，星夜向湖北赶来，待找到父母及弟弟们栖身的破庙，一家人抱头痛哭，又继续匆匆忙忙赶往四川。

现在，我们已经很难想象这支移民小分队一路吃尽了怎样的千辛万苦。次年春，一家人抵达四川什邡新市镇，见天色已黑，便露宿在一个姓郑人家的院墙下。一家人紧紧地依偎在一起，靠着身体的温度来取暖。廖体用望着天上的一弯残月，眼角流下混浊的泪水。第二天，东方的天际刚刚露出紫白色的晨曦，郑家打开大门，看见廖家大小六口人蜷缩在自己院墙下，蓬头垢面，破衣烂衫，便上前询问来历。廖体用便把他们从广东来这儿的经历细细说了一遍。郑家也是外省移民，对廖家的经历非常同情，于是就把后园的一块荒

传统的手艺代代相传，成为了东山集市一道令人流连的风景。（补锅，摄于龙潭寺）

地借给廖体用耕种，又借给廖体用一口破锅，叫他们暂时安身在郑家碾房里。

郑家在廖体用走投无路的时候收留了他们，这使廖家十分感动，全家人努力耕种，日出而作，日落而息，五年以后，就积攒了一百多两黄金。生活稍微安稳下来以后，廖体用因为已年过六旬，便有了落叶归根的想法。他把回广东老家的想法告诉了儿子们，但几个儿子眼见四川土地肥沃，生存境况远比故乡优越，便都不肯回去。

为了打消父亲重回广东的想法，大儿子廖凤绚和次子廖寿廷暗中商议道：光是我们苦口婆心地劝，父亲也很难听得进去，不如先跟在四川的族人通个信，叫他们都来劝劝。于是廖家兄弟就跟父亲廖体用说：你回广东去也好，但临走之前也该跟在蜀的族人道个别才是。廖体用不知是计，便一家一家地去跟在蜀的族人告别。这一

客家博物馆的建立，真实地再现了南方客家人迁徙至成都东山的艰辛历程和创业欢欣。

天，廖体用来到新都磨子桥廖明瑜家，廖明瑜是廖体用的堂兄，廖体用刚要开口，廖明瑜便笑着说：我明白你的来意，既来之则安之，现在儿子、亲戚们都在四川，你一个人跑回广东去干啥？不要再思前想后了，我已经在新都繁阳山下给你买了一块地一院房，送给你安享晚年，如何？

廖体用见亲戚们说得在理，就打消了回广东的念头；到乾隆丁巳年，又买下简州孙家嘴田产一处，癸亥年又买下成都华阳新河堰、杨家坝等处产业。一个广东来川的移民家族逐渐兴旺发达起来，族谱记载说，廖体用夫妇到了晚年，“子孙盈膝，颐养之暇怡怡如也”。乾隆十八年二月初六，廖体用无疾而终，享年 83 岁。

通过以上三个客家移民家族来到成都创业谋生的故事，我们可以清晰地看到，客家人几乎有一种与生俱来的精神品质，那就是吃苦耐劳，勇于开拓，面对各种各样的困难从不言败，这或可视为客家民系从形成到发展壮大的根本精神动力。除此以外，客家人对祖先精神遗产的继承也给人留下深刻印象，几乎每一本族谱，都非常细致地记录了“入川一世祖”的言行，把它作为子孙后代需要认真汲取的养料加以妥善保存。两三百年的时光转瞬即逝，但祖先的音容笑貌和言传身教仍然鲜活地镌刻在客家人的心中。

成都东山地区最具代表性的客家人聚居地，
是一个名叫“洛带”的古镇。
这儿除了有占 85%以上的客家居民以外，
还完整地保留着几座清代的移民会馆。

第四章

一个叫"洛带"的地方

成都东山地区最具代表性的客家人聚居地，是一个名叫"洛带"的古镇。这儿除了有占85%以上的客家居民以外，还完整地保留着几座清代的移民会馆。1979年漫长的夏季，我曾经在这个镇子荒芜的广东会馆里度过一段难忘的时光。每天下午放学以后，我独自一人来到这个空阔的院落，东走走，西看看。虽然当时的一个蒙昧少年不大可能明白会馆的深义，但出于某种本能，我预感到这个宏伟的建筑一定隐藏着客家人的所有秘密。

荒草已经从台阶的砖缝里滋长出来，阴暗的长廊里落满灰尘和蝙蝠的粪便，我呆呆地坐在被残阳映红的廊柱下，冥想这座已经失去现实意义的建筑当年的辉煌与热闹。

关于清初四川移民会馆的功能，有文献介绍道："清初各省移民来填川者，暨本省遗民，互以乡谊连名建庙，祀以故地名神，以资会合者，称为会馆。蜀都曰惠民宫，两湖曰禹王宫，两粤曰南华宫，福建曰天后宫，江左曰万寿宫，贵州曰荣禄宫……察各庙之大小，即知人民之盛衰。"（《威远县志》）

原来我栖身的这座广东会馆（南华宫），竟是清初移居成都洛带镇的广东人所修的一个"庙"！根据文献记载，我们已经可以复原广东会馆当时的盛况。在高大而肃穆的会馆中堂里塑着一尊镀金的神像，它的身份不是四川本地的神祇，而是广东人在故乡所信奉的神明。虽然广东人迁徙到了新的居地，但旧有的精神信仰依然令他们难以忘怀。那么，这是一尊怎样的神？

洛带镇的会馆群。这个由客家人建立的小镇如今已成为全世界客家人向往的地方，号称"西部客家第一镇"。

广东会馆巍峨的风火墙。该会馆建于清乾隆十一年，后因火灾焚毁部分建筑，又集资重修。

根据传说和资料显示，四川各移民会馆供奉的神偶是这样的：湖广会馆供奉大禹王，江西会馆供奉许真君，陕西会馆供奉关羽或刘备、关羽、张飞，广东会馆供奉南华老祖（禅宗六祖慧能）或庄子，福建会馆供奉妈祖（或称“天后圣母”），贵州会馆供奉关羽（关帝）……这些故地的名神来到移民的新环境中，成了移民与故乡连接的精神纽带、精神归依。

六祖慧能或庄子的神像蔼然含笑端坐于广东会馆的神龛中，这使广东的客家人想起了六祖在岭南弘扬禅宗的事迹，想起了哲学家庄子教给他们的生存哲理。刚刚在四川成都落下脚来的广东客家人，带着故乡的信仰和故乡的口音，挨次来到神龛前，点燃一炷香，恭恭敬敬地插在神像前面的香炉里。对于这些新到的移民而言，此时的心中在祈祷些什么呢？他们一定是在祈佑家族兴旺，风调雨顺，在新的家园里能够事事如意，实现他们迁徙和移民的目标。透过会馆袅袅的烟雾，我们似乎可以看清广东客家移民那一张张肃穆而虔诚的脸。

洛带镇现存的会馆群，业已成为研究四川成都移民文化的珍贵史料。从现存的广东会馆、湖广会馆、江西会馆的情况来看，当初外省移民来到四川成都以后，并不是以族群和文化来划分各自的利益群体，而是以省籍这种地理亲缘来结成联盟。会馆除了是外省移民共同信奉的“庙”，同时又是展示各省籍移民实力的一个物化实体。“察各庙之大小，即知人民之盛衰。”根据这个原则，那么可以很

▲广东会馆的撑弓浮雕异常精美，所反映的内容多为华夏民族忠孝节义的辽远故事。

▲▲洛带镇湖广会馆的香炉，再现出会馆“迎麻神、聚嘉会、襄义举、笃乡情”的多重功能。

容易地看出，在洛带这个地方，广东移民的实力是最大的，因为无论是建筑规模还是体现出来的气势，广东会馆都要比其余两座会馆更雄伟、更气派。

清初各省移民在成都大兴修建会馆之风，一般不是在移民最初创业的时期，而是社会稳定、经济恢复的创业成功期。雄厚的物质基础和移民们的乡情观念，促使他们花耗大量金钱来表达内心的喜悦。有一首《成都竹枝词》说得好：

秦人会馆铁桅杆，福建山西少者般。
更有堂哉难及处，千余台戏一年看。
争修会馆斗奢华，不惜金银亿万花。

在一种特定的历史环境中，在旧的巴蜀大地被战火、瘟疫、饥饿摧残得面目全非的这么一种情况下，移民们经过卧薪尝胆般的艰苦创业过程，最终获得成功，成为了这片土地当之无愧的主人。这时候他们一反原先吝啬、节俭的品格，拿出大把大把的银子修建会馆，以表达内心的喜悦和创业成功后的自豪。

洛带镇广东会馆始建于清乾隆十一年（公元1746年），总占地面积3000多平方米。从遗留下来的近十副石柱楹联看，今天的广东会馆要比初创的时期面积偏小，一场大火曾经烧毁过一部分建筑，后来又由洛带的广东人集资重建。

实际上，会馆的功能除了祀以故地名神，使同一省份的移民有一个公共精神的交流空间和平台以外，还有一些更为具体的功能，“如迎麻神，聚嘉会，襄义举，笃乡情”等。换句话说，会馆囊括了移民社会几乎所有的需求。在许多民间节日里，会馆会根据移民旧居地的习俗举行各种民俗活动，以加强移民的精神联结和情感交流，其中演出地方戏就是一种极好的形式。

现在，洛带镇的广东会馆还保留着“乐楼”，江西会馆则有一大一小两个造型别致的戏台。可以想象，当会馆里请了戏班演出地方戏的时候，移民们会抛下田间的农活和营业的店铺，像潮水一样蜂拥到会馆来听戏。在熟悉的乡音和旋律感召下，移民们想起了刚到成都时的荒凉和萧瑟，但转眼之间，他们已经有了丰厚的产业和日渐庞大温暖的家庭，这个过程也是非常富有戏剧性的。

川北会馆戏楼一角。清代移民会馆为加强民系与族群的精神联结，都修建戏台，演出故乡的传统戏剧。

会馆的管理模式我们已经很难在文献中找到，不过根据一些间接的材料，我们还是大体可以知道。作为移民社会中最高级别的公共建筑，它的意义已经完全超出于家族祠堂，而作为整个移民群体的精神中枢存在着。管理会馆事务的人，一定是本省移民中既德高望重又精明能干的人，不光在本省移民中威望显赫，而且要善于处理跟其他移民团体之间的关系。这一点在移民社会的特定时期显得尤为重要，因为各移民团体之间矛盾的化解、利益的协调都要依赖于会馆的帮助。老的移民可以借助会馆解决本族或与外省移民之间的纠纷，新的移民可以在会馆得到精神和物质方面的切实资助。总之，会馆就像是能够给移民们遮风避雨的一棵大树，高高耸立于移民社会空阔的背景之上，它的特殊性跟常见的商业会馆不同。

成都东山一带的客家人在贫瘠的丘陵山地垦殖两百多年以后，不光形成了独立的文化社区，而且极大地促进了当地经济的发展。根据文献记载，成都平原虽然历来号称“天府之国”，但东山地区一直是比较荒僻的所在，通常是墓葬、采樵、狩猎和放牧的地方。自从南方的客家人来到这块荒僻的土地以后，这块贫瘠和清冷的地方一下子变得富庶热闹了，很多大型的集市和场镇在原来的基础上扩建，或者因为移民的到来而诞生。

在成都人的眼中，东山地区客家人的集镇是有独特的人文内涵和民俗情调的。《龙潭乡志》有一段记载客家人集市贸易的文字，殊为传神：“我乡以客家话为当地方言，讲客家话者占 90%以上。话音带广东梅县一带方言，每遇逢场天人们可以听到：‘今哺尼奉场豪老臬（今天逢场好闹热）。’到市场以后，看见鲜红的二荆条海椒时，你会听到：‘妮革街椒豪多钱益斤（你的海椒好多钱一斤）?’见到乡邻赶场，互相招呼：‘妮迈抹革（你卖什么）?’或者听到：‘蛮妯

（慢走）。’这种情况对于一个不了解成都客家人聚居区现状的人，一定有误入桃花源的错觉。成都东山作为一个广阔的客家人聚居区，其内部的文化和经济交流十分活跃，相邻的场镇也都把赶集的日子分开排列，不重复，使得每一个场镇都保持定期的繁华，呈波浪状向前推进。”

为了详细描绘成都客家场镇的民俗和集市，下面就以洛带镇作为解剖对象，看一看它有哪些值得注意的细节。

我的外婆在当地客家人中有一个绰号——“场贩子”，意思是说每个逢场天她都不缺席，即使吹风下雨也想方设法要到镇上去逛逛。我家离洛带镇有 5 里路，是一个纯广东客家人聚居村落。我曾经仔细分析过外婆迷恋场镇文化的原因，得出了以下几个结论。

▲东山地区最著名的五个客家场镇被习称为“东山五场”，具有古老而独特的风情。（摄于洛带镇柴市坝）

▲▲无论是上街贸易还是闲逛，外婆都教给我许多民俗和草根的东西，这是我对故乡依然神往的原因。（摄于西河场）

一是对乡土贸易的热爱。每次外婆上街都不会空着手，而是想方设法带一点农副产品去交易。如果空着两只手去，外婆就认为那不叫赶场，去了也没啥意思。但是据我看来，外婆的贸易完全是一个幌子，因为她每次上街所带的东西都很少，要么是十来个鸡蛋、几斤米，要么是一提篼蔬菜，根本卖不了几个钱。但她却固执地坚持这个习惯，认为这是一个喜欢场镇贸易的人必须遵守的仪式。我常常跟随外婆来到集市的一棵大黄桷树下，把带来的东西放在一个竹篼里，像渔翁等待鱼儿上钩一样，静静地等待着别人来把东西买走。不时有当地客家人从我们面前走过，用客家话热情地跟外婆打着招呼。外婆带来的东西太少了，当地客家人办红白喜事根本不会买这些零星的东西。大多数时间，都是镇上医院的医生或学校的老师把篼里的东西买走。交易完毕，外婆拍拍裤子上的尘土，一副如释重负的样子。

二是信息和情感交流的需要。我跟着外婆穿过狭窄的柴市巷，过了一个石桥，向洛带公园的露天茶馆走去。在闹哄哄的人声中，一个占地几亩的露天茶馆呈现在眼前，许多交易完毕的当地客家村民聚在这里喝茶聊天。那几乎是纯客家人的一个盛大集会，最初我想这无非是一个休息和歇脚的场所，但后来我发现它更多的是一个信息交流场所和民俗场所。这儿的茶水很便宜，“三花”五毛钱一盅，用缺口的粗瓷盖碗；“二花”一块钱一盅，用带耳的陶瓷茶杯；“一花”一块五一盅，用相对精致的细瓷茶盅。外婆刚刚转过公园拐角处的水亭，就听见露天茶馆好几个客家妇女的吆喝：“范太娘，搞快，茶钱爱捞呢给黑聊（茶钱我帮你给了）!”外婆笑眯眯地走过去，泰然地坐在一把吱嘎作响的竹椅上，刚假巴意思（方言，即“假装”意）想掏腰包，早被几只大手按住，说：“妮做抹革？见笑哈（你干什么？多见笑）！”后来我知道这些妇女是专门从事婚介的，用当地客家话说就是“红爷”，专门替当地未婚青年男女牵线搭桥。

她们先是边喝茶、边交流这几天各自村落的新闻；等嗓子被茶水润够了，就言归正传，相互交流起婚姻信息来。每个人的衣兜里都揣着几张红纸片，上面写着请托人家儿子或闺女的情况，以及对所寻找对象的要求，比如家境、长相、身高、学历等。通过这样的交流，从而把合适的青年男女配在一起。有时候，也有父母带着羞涩的儿女前来向某一个“红爷”咨询或央求相亲。我坐在这群衣着鲜艳、嗓门很大的客家妇女中间，感觉自己像一只青涩的苦瓜，浑身都不自在。但我的确喜欢洛带公园露天茶馆里的气氛，这气氛是自由的、活泼的，是被移民社会长期的人情交际自然培养起来的，非常原始而真实。我的外婆并不是职业的“红爷”，她只是乐于帮人家提供一些信息，如果由她提供的信息最终配成了对，那么外婆可以得到“红爷”分给的一点谢媒钱。

农闲时节，迎亲的队伍缓缓从东山的土路上走来，大花轿、红被褥、大公鸡……洋溢着欢快而独特的民俗风情。（摄于洪河乡）

闹哄哄的茶馆里到处是招呼声、谈笑声，仿佛这是客家人的极乐世界。在这种环境浸泡久了，你会明白什么叫“他乡遇故知”，什么是移民社会的人情冷暖。

另一些时候，我会离开这群嗓门很大、动作夸张的“红爷”，而去茶馆的另一个角落里寻找我的外公。外公是当地客家村落有名的厨师，他也是几乎每个逢场天都在茶馆里泡着，跟他在一起的人常常能够坐上四五桌，其中有厨师、看风水的阴阳先生、主持丧仪的乡村礼宾、写对联的乡村知识分子、吹丧乐的唢呐手、扎纸人纸马的纸火匠、专门抬棺出殡的抬匠……总之，是客家人聚居区完成红白喜事的一大群手艺人。由于都是本地名人，所以他们坐在茶馆里的姿态就与众不同，喝的茶是上好的“一花”，抽的烟是烟叶特别油亮的上等叶子烟。他们一边用客家话闲聊，一边等待方圆几十里的顾客前来雇佣。

茶馆里的小二每次都给这群人预留上四张或者五张桌子；如果有不明就里的茶客一屁股坐上去，小二就会赶他起来，说：快走，快走，这些桌子是雷打不动的！意思是说，这四五张桌子是这群手艺人的特区，闲人莫要无故挤占。他们负责这方圆几十里人家的红白喜事，谁还不给他们留点面子呢？我的外公有一段时间是这群人

▲集市上的茶馆，集贸易、休闲、交际等功能于一身，是客家人独特的人情社会单元。（摄于洛带公园）
▲▲在公园露天茶馆里等待顾客的“抬匠”。这是客家丧仪中专门从事抬棺出殡的手艺人。

广东会馆远眺。这座古老会馆是目前四川保留最完整、规模最大的客家移民会馆。

里的头儿，每当有顾客上门，总是由我外公负责谈判和组班子，因为茶馆里的手艺人相同职业者不止一个，且顾客对红白喜事的要求也不同。外公先问顾客打算办多少桌，然后就向小二取来寄放的纸笔，给顾客开一张单子，上面写着猪几头、清油多少桶、莴笋多少斤、豆腐多少箱之类的办席原料单，粉条、芡粉、花椒等往往还注明采买地点、商铺，以防止买到假货，砸了范厨师的名声。

给当地客家人开一张菜单不是难事，难的是如何快速组成一个班子；尤其是客家人办丧事，又是吹吹，又是抬匠，又是礼宾，又是纸火匠。被组合进去的人当然皆大欢喜，而被晾在一边的人不免要说风凉话。所以，后来这群手艺人就自由组合成两组，轮着接单，但喝茶摆龙门阵还是在一起。有时候，外公因为其他的事情没有光顾茶馆，接到单子的伙计会火速派人通知外公，让他带上厨具于某日某时到某村某组办酒席。

成都客家人的“坝坝宴”是非常有名的，其场面之壮观热闹，很难在别的族群中看到，往往一开就是好几十桌，无论是婚丧嫁娶，还是小孩做满月酒，都盛行这种露天的餐饮盛会。我外公作为当地最知名的乡村厨师，置备了一整套像模像样的行头，计有：杀猪刀两把，切菜刀五把，砍刀三把，剔骨尖刀四把，拔毛夹子三个……这些都用一只很大的竹篼装着。闲下来时，外公就会在溪边的磨刀石上光着膀子霍霍地磨，然后用抹布擦干，打上清油，收拾起来。除此之外，外公的家什还有：筷子、饭碗、汤碗、斗碗、调羹、盘子等共计 50 桌，竹制的大蒸笼 20 抽。每当外公要去哪个客家村落做厨时，他总是自己挑着刀具走在前面，身后的乡村小路上则紧跟四五条壮汉，哼哧哼哧地挑着一大堆餐具。

据我保守估计，一个成都客家乡村厨师，一年的收入起码超过一万元，这跟客家人聚居区宗族观念浓郁有直接的关系。一个客家人，他总是像老练的果农那样，能够顺藤摸瓜理清这个家庭所有的支脉，无论它有多么遥远，也无论它有多么间接。这种血缘和亲情的联系，使客家人看起来比别的民系更加具有亲情观和凝聚力。

下午，日色微微偏西时，热闹集市上的客家人开始逐渐散去，他们每个人都在这次集会中得到了各自的需要。场镇作为成都东山地区最重要的经济、社会、人情单元，为我们绘制了一幅多姿多彩的民俗和生息画卷。

客家人的迁徙史无处不弥漫着温和、谦让的处世哲学，
作客他乡的现实、漂洋过海的现实，
都使他们一直保持清醒的头脑，
那就是：和平与发展乃是客家人的生存主题。

第五章

土陶骨瓮与客家人的良性迁徙

童年时期在成都东山客家人聚居地，我曾经目睹过这样的场景：一座被埋葬多年的祖先坟墓重新被打开，当主持这个仪式的丧葬师傅轻轻掀起被泥土和雨水朽蚀的棺盖时，祖先的骨骸像一堆化石或鱼骨清晰地呈现出来。整个仪式的氛围肃穆而安静，客家人的后裔静静地伫立在坟茔的四周，他们把崇敬的目光投向祖先的遗骸，脸上没有流露出惊慌或恐惧的神色，而是满眼的感激涕零。

纸钱在打开的棺木前面无声地燃烧着，一只羽毛鲜亮的公鸡被作为祭品，现场宰杀后，用滚烫的鲜血浇淋敞开的墓地。丧葬师傅按照前人留下的方法，有条不紊地完成他的工作：他的身边有一只巨大的土陶骨瓮、一盆清水和一堆篝火，他先把棺木中的遗骨按从脚到头的顺序捡拾起来，放在清水中洗净，然后在篝火上烤干放入土陶骨瓮中。他的动作那么优雅，神情那么专注，完全像一个考古学家手执放大镜观察新出土的瓷片。

在墓地的另一侧，一个比原先的墓穴更小的墓坑已经挖好，暖穴的木炭虽然已经燃成灰烬，但尚能感到温暖的余热。现在，所有的工作已经完成，一副完整的人体骨架被收藏在那只土黄色釉面陶瓮中，像是一幅古画被装裱进了画框中，或者是一把刀被装进了刀鞘里。亲友们把这只装着祖先遗骸的土陶骨瓮安放在新挖的墓穴中，重新垒起一座馒头状的新坟。

上述丧葬过程，就是客家人特有的二次葬习俗。这个习俗的产生，据说跟客家人漫长的迁徙史有着某种天然的联系。我们知道，客家人是汉族中一支古老的民系，他们的祖先大多是曾经峨冠博带的中原士族，由于战乱等因素的影响，这个族群在历史上曾经分三次大规模南迁，第一次是在西晋末年中原战乱时，第二次是在唐末

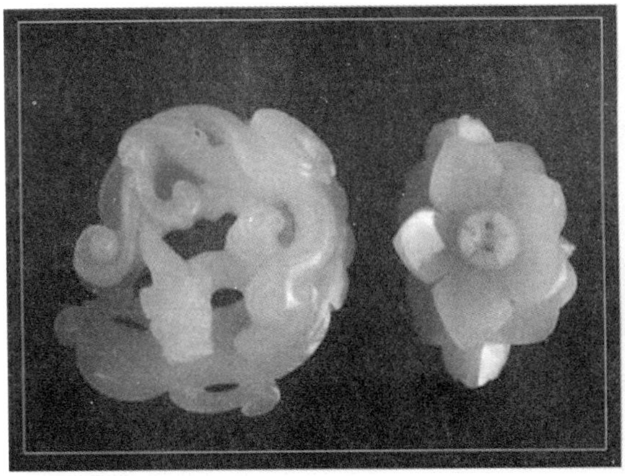

▲客家墓葬出土的玉佩，虽然仅仅是很平常的东西，但表达了后裔们对祖先的深切祝福。

▲▲比起粗糙的土陶骨翁，这个由东山客家人收藏的凤穿牡丹将军坛可谓太过奢侈。

在客家人最初的创业历史中，对故乡的怀念常使他们唏嘘不已，但眼前的路必须坚强地走下去，而且要走得宽阔和完美。（摄于同安乡）

黄巢军陷中原时，第三次是南宋末年元蒙军进入江南时。可以想象，大规模的举家迁徙、逃离故乡对于客家人来说，是抱着十分决绝的想法开始的。相对于战火的肆虐，肥美的田原、丰厚的家产和高敞美丽的华屋都显得不重要了，重要的唯有生命和血脉。每一个客家人在举家南迁的时候，心里都清楚，重新回到故乡的想法几乎是一个遥不可及的梦。因此，带上祖先遗骨一起南迁成了客家迁徙史上一道壮丽的风景。在夕阳西垂的古道和朔风凛冽的荒野，客家人扶老携幼大批南迁，除了随身携带的棉被衣物，几乎每一个家庭的长子都肩负着一个崇高的使命，那就是用一只土陶骨瓮装起祖先的遗骨，历尽艰辛一起南迁。

祖先的遗骸和骨瓮，多么像养在家族陶瓮里的精神之花。客家人带走的不光是一副衰朽的人骨，而是鲜活的家族精神和民系血脉。也许客家人刚刚把骨瓮埋葬在新家后面的墓地里，凶猛的战火又再次袭来，这时候他们又不得不刨开坟地，带上这只新鲜的骨瓮再次匆匆逃离。即使到达相对安定的环境，也随时保持这种警觉。久而久之，竟作为一种仪式传承下来。

在成都客家人的族谱里，有不少南方客家人来到成都安居乐业以后，都回到南方的故居，取回了祖先的遗骨。比如，前面提到巫氏家族长子巫锡伟在回广东省亲时，就把父母的遗骨带回蜀中重新安葬。

客家人的迁徙被学界誉为“良性的迁徙”，就像种子扎根、花朵盛开那样传播技术和文化，而不是有意的扩张和劫掠。

即使在成都东山相对安定的富足环境中，客家人依然保持高度的警觉，多数的家庭都事先用土陶骨瓮装好了祖先的尸骨之花，好像随时可以起身再次迁徙的样子。所以，从总体上看，客家人是带着文化迁徙的族群，而不是带着刀剑和野心迁徙的族群。

客家人从中原迁徙到岭南，又从岭南迁徙到成都，这一路都是采取的隐忍和大度姿态，好像除了固守自己的文化和有一块安身之地以外，他们就没有别的目的和企图一样，这种“良性”的迁徙在世界移民史上堪称罕见。

翻开已然发黄的历史书页，一个个惨痛的、以扩张和劫掠为目的迁徙场面扑面而来：

匈奴人的迁徙，曾经使得梅斯、斯特拉斯堡和美因兹等城市瓦砾遍地、十室九空，城市文明在暴力和无知面前显得脆弱不堪。

蒙古人从茫茫草原到亚欧大陆的迁徙和征战，凭借的同样是强大的武力、嘶鸣的战马、锋利的刀剑，无情的践踏就像是一股决堤的洪水，所到之处田原狼藉，文明失色。

印第安人在从亚洲北部向美洲的迁徙过程中，不断与沿途的居民和部族发生武力冲突，美丽的马雅潘城邦被一场大火焚尽，秘鲁也曾经被印第安人的一个部落血腥征服。

耕读传家并从事水果贸易，是东山客家长期以来形成的生活模式。（摄于柏合镇）

世界上到处盛行“胜者为王、败者为寇”的征服哲学。欧洲人开始向美洲这块神奇的土地迁徙和前往淘金时，可怜的印第安人又成了受害对象，他们被从自己的家园里逐出并惨遭杀戮，状如牲口，以至于古巴和海地的印第安人成了“珍稀动物”。

在非洲，黑色人种中的一部分也因为遭迫害而逃往美洲，含泪离开了那块有狮有虎的黄色高地。虽然定居美国的黑人最终获得了解放，但他们的文化已经被欧洲文明的浪潮冲击得面目全非。

在安静的有众多袋鼠活跃的澳大利亚，由于欧洲人的不断迁入，原有的近 30 万澳大利亚土著居民被迫退入尚未开发的茫茫荒原之中。

上述这些横跨洲际的人类群体大迁徙，几乎全是以武力征服作为目的，最终使移居和扩张得以完成。同样的，人类历史上洲内迁徙所造成的破坏和劫掠，也是有目共睹，代价沉重的。

在中国历史上，屡屡发生的北方辽、金、满等国家或部族对中原的侵袭，也带有明显的扩张和劫掠倾向。满族前身号为女真，公元 1618 年，一代英豪努尔哈赤起兵反明，清军随即于 1644 年破关攻陷北京。虽然满族一向对汉族文化持亲善态度，但在数千公里长驱直入的迁徙和征战中，仍然采取强硬的暴力政策，沿途若有抗拒不遵的情况发生，即“大兵一到，玉石俱焚，尽行屠戮”。史载济南城被清军攻破时，无情杀戮的命运几乎落到每一个汉族人头上；临清城破，“幸存未足一分……尸骨如山若岭”。江阴失守，全城仅 52 个幸运者免遭遇难。在 1623 年至 1660 年短短的 37 年间，汉族人口因为清军入侵和各种战乱锐减了 3000 多万。这些都表明，世界上有不少民族事实上都是把自己的扩张生存建立在其余民族的痛苦悲伤之上的。

吉卜赛人的流浪和迁徙也至今未能停止，虽然其不以武力征服世界，但可惜他们不像客家人那样擅长垦殖生产和文化传播，因此始终无法创造更高层次的灿烂文明。

客家人的迁徙既与上述破坏性、暴力性的迁徙又与吉卜赛人的迁徙形成鲜明对照——客家迁徙自始至终洋溢着和平、建设、发展等健康和进步的因素。回顾历史，他们离别中原，跋山涉水，躲避灾难，全部行程长达 3000 公里，但始终是以一个和平的土地开垦者和文化传播者的姿态出现。沿途的定居和接二连三的迁徙，并不凭借武力，而是凭借着自己的文化、先进的生产力和生产技术、健康宽容的心态，在赢得当地人的普遍认可和尊重以后，进而从事文化、经济、婚姻等方面的亲密合作与交流。

事实上，客家人的迁徙也可分为两个阶段。第一阶段是在亚洲大陆内部的迁徙，即从黄、淮流域迁移至南方的赣、汀、梅三江流域。第二阶段为洲际之间的迁徙，客家人像蒲公英的种子一样，跨越赣、闽、粤交界区的“金三角”，播撒到世界五大洲的多个地方（包括成都平原）。

在亚洲的内部，客家人主要从事山地的垦殖和文化的酝酿传播工作。他们把一片片荆棘丛生的荒山野岭开垦成一块块梯田，垦种粮食，发展生产，同时顽强地保护着汉文化中的一些重要因素。在向其他各大洲迁徙时，客家人同样以垦荒和创业的姿态，一边“客人开埠”，一边传播客家文化和中华民族文化中至真至美的精髓。应当看到，客家移民现象已经成为世界文明史上的一件大事，能够与之媲美的似乎只有犹太人的迁徙史。不论从目前全球客家人的数量，还是从客家文化对世界的卓越贡献来看，我们都有足够的理由站在如此高度看待和审视“客家移民现象”。

客家人西迁来到成都，同样在促进地方经济发展、农业开发和文化的传承上作出了卓越的贡献。成都东山在地理区位上除紧靠成都这座城市以外，与北、西、南三面的地理条件相比并没有什么优势可言，但这里的地理条件却与他们的原居地粤北、闽西、赣南有诸多相似处。成都东山属亚热带季风气候，丘陵广布，土地贫瘠，严重缺水，客家人来到这里以后，以他们的聪明才智很快完成了土地开发、经济发展和文化传承工作。据有关资料显示，南方的客家人在入川的时候带来了许多物种，其中最具代表性的是红薯、玉米和辣椒，此外还带来了许多新的生产技术，使遭受战乱的四川盆地很快恢复了勃勃生机。

据王纲《清代四川史》记载，红薯是于雍正十一年（公元 1733 年），由福建的客家移民带入四川的。红薯原称“番薯”，原产地在今日本，明万历二十二年（公元 1594 年）正式传入中国福建，然后又由入川的移民带到四川。有不少地方志曾经记载过红薯在四川广泛种植的情况，如乾隆《双流县志》就记载说：“民间有空地者种之，或售或食，是亦治生之道也。”嘉庆《资州志》则说出了红薯的来源和受南方客家人欢迎的程度：“闽粤来者始嗜之……瘠土沙土皆可种。先是移民自闽粤来者始嗜之，今则土人多种以备荒。”由于红薯种植条件要求不高，易于推广，因此到乾隆二十五年（公元 1760 年）红薯在四川的种植已经蔚为大观。特别是在川北广袤的山区地带，竟然因红薯的大面积种植和丰收，而号称“苕国”。可以想象，在那个特殊的年代，由南方客家人带入蜀中的红薯是如何在巴蜀大地的荒草和废墟间蓬勃生长，它们的蔓苗像疯狂的海藻长得铺天盖地，它们的果实像发酵的馒头长得硕大无比，它们以质朴和营养的肉身填饱过多少移民饥饿的胃啊！

东山客家常以舞龙、歌舞等方式表达丰收和安居的喜悦，他们是和平的土地开垦者和文化传播者。（摄于洛带镇）

而玉米，这种跟红薯几乎同样重要的农作物，据记载是于康熙十五年（公元 1676 年）由广东、广西和福建的客家人带入四川的。

另一个由南方客家人带来的新物种，并且至今跟四川人关系异常紧密的是辣椒。据《四川的客家人和客家文化》一书介绍：“辣椒原产于墨西哥，约在明代传入中国沿海的南部诸省如广东、广西。清前期的移民入川，相传粤人将辣椒‘二荆条’引入，在蜀中备受欢迎而广种之，川人在其名称前加一个‘海’字，称之为‘海椒’相传至今，蜀中客家人称之为‘二荆条’。”

此外，从南方入川的移民还广泛种植甘蔗、烟叶、木棉等经济作物，并把新的生产技术带入四川，形成了许多富有特色的产业带和经济区。

成都东山的客家人作为入川客家一个最引人注目的群体（四川的客家人主要分布于三个区域：一是成都平原周边的浅丘陵或丘陵地带，二是川中的简阳、资阳、资中、内江等丘陵地区，三是川北仪陇、广安及川南的广袤山区），像所有背井离乡来到四川的客家人一样，利用有限的地理条件和团结奋发的精神，很快使聚居区的经济文化得到迅速发展。成都东山地区是一个缺水的浅丘陵地带，都江堰清澈的灌溉水系无法抵达这里。客家人为了解决灌溉和用水问题，就在这些浅丘的凹处开挖了许多池塘。即使今天我们到成都东山一带的客家人村落去，依然能发现池塘与客家人的村落和生产有十分密切的关系。那些四季汪汪的池塘常常是位于客家民居的前面，像是一面镜子映照着客家人的房屋和竹林，而在民居的背后，则是

清光绪二十六年简州运动会纪念章，记录着客家地区开展体育活动和与外界交流的情况。

像山包一样隆起的丘陵或隆岗状台地。按照客家人的说法，这种居住环境蕴涵着十分合理的风水观。过去，客家人的民居建筑还往往修建碉楼和围墙，跟他们在岭南山地中自觉的防卫意识一样。

成都客家人在这样的环境中，广泛种植耐旱作物，比如玉米、红薯、辣椒、甘蔗、大头菜、烟草、茉莉花等，因此在东山地区形成了一个特色农业经济圈，场镇经济十分繁荣，著名的“东山五场”就是客家人创建起来的文化社区和物资集散地。同时，由于东山地区紧邻成都这座中心城市，又位于成都到重庆的传统驿道上，因此在拥有相对独立的经济文化圈的同时，又与外界有着广泛的贸易联系和信息交流。

最早研究成都客家人现象的学者之一、中央研究院的董同龢教授曾经注意到，成都客家人的“保守力量很大”，虽然他只是指成都客家人的文化保守力量，即他们“一进自己的范围，就有一种无形的力量使他们非说自己的话（客家话）不可”。但换一个角度观察，这种评价也可视为客家人“良性”迁徙的生存需要，一方面是尽量减少与外部人群的冲突和矛盾，另一方面也使客家民系在文化的传承上有一种环境保障。

过去我曾经一度认为客家民系在跟周边族群相处时，有一种无法排除的自卑心理，但是后来我发觉，这种看法是错误的，客家人的生存哲学跟他们供奉在广东会馆中的六祖慧能和庄子一样，是十分高超而智慧的。前面我们谈到过成都客家人“住山不住坝”的传说，当客家人和湖广人都去争抢平原中的良田沃野时，一个客家老人出来指点道：不要去跟人家争，我们把那些良田沃野让给湖广人，自己去住山地不是很好吗？一场冲突就这样被轻轻地化解了。为了让所有的客家人都心甘情愿地住到地理条件差的丘陵和山地上去，

◀◀客家人性格中有开朗、乐观、坚韧的品质，他们喜唱山歌，喜欢举办各种游艺活动。

◀四川地区玉米的大面积种植，据文献记载，是康熙年间广东、福建等地的客家移民引入的。

客家老人又解释说：我们在南方的时候就喜欢住在山上，平坝又不是没有住过，但住平坝很容易被水淹哦。可以说客家人是一个十分睿智的族群，内心里由于历史的原因，十分厌倦战争和族群间的冲突，长期保持“耕读传家”的半隐居生活方式。

在成都客家人内部，还流传过一个“不跟湖广人通婚”的传说。当然，这个传说现在看来已没有任何现实意义。不过，回顾这个传说倒是可以品味客家人的生存哲学、文化背景和长期以来所走过的艰辛道路。

传说湖广首领的女儿嫁给了客家首领的儿子做媳妇。一天，客家首领过生日，来了许多亲朋好友。他的湖广儿媳跑前跑后帮着倒茶，但在敬茶的时候，一不小心被地上的泥坑绊了一跤，哐当一声，杯盘摔在地上，茶水也泼了一地。客家首领说这事不吉利，就当着众人的面大骂儿媳，儿子见父亲发火，也在旁边帮腔。湖广儿媳觉得平白无故受了委屈，没有脸见人，就偷偷跑到后山的一棵树上吊死了。湖广首领听说女儿被逼死，马上带了一拨人，拿着棍棍棒棒来问罪。客家首领晓得湖广人人多势众，就赶紧去报官。但官府也怕湖广人，就判客家人由湖广人随便处罚。湖广首领喊人把客家首领的衣服脱光，捆在一根木桩桩上，然后就一手拿钻子，一手拿黄豆，朝客家首领身上钻一个洞，按一颗黄豆进去，一直将一包黄豆用完。客家首领疼得咬紧牙关，大汗直冒。旁边的客家人也都埋着头，流着泪。湖广首领将黄豆按完，才得意地走了。客家首领随即叫大家跪在祖宗灵牌前，说："湖广人心太毒了！从今天起，客家人不准跟湖广人打亲家。"说完就断了气。从那时候起，客家人就再也不跟湖广人通婚了。

这个传说的真实性我们无法考证，如果确实发生过，也必定是在移民的初期，当时各族群间的文化交融还不够充分，发生点小摩擦、小矛盾在所难免。对这则传说，我所关心的也是客家人在与别的族群发生冲突时，他们所选择的处事方法。他们没有想到如何报复、如何也把湖广首领捆起来"按黄豆"，而是全体都"埋着头，流着泪"，并当着祖先的灵牌发誓，从此不再跟湖广人通婚。客家人的

东山客家举办"水龙节"盛况。这本是古老的祈雨习俗，如今已演变成表达客家精神的文化活动。

随着时间的推移，客家人和其他省份移民的融合正在加深，文化隔阂业已消除。（摄于保河乡）

迁徙史无处不弥漫着这种温和、退让的处世哲学，作客他乡的现实、漂洋过海的现实，都使他们一直保持清醒的头脑，那就是和平与发展乃是客家人的生存主题。

然而也不是说，客家人在他们的民系历史中就一直保持这种隐忍的姿态，每当国难当头、民不聊生的时候，客家人也会爆发出惊人的能量，让周边的族群刮目相看。洪秀全领导的太平天国起义、中国近现代革命中出色的将领群体（如朱德、叶剑英等），甚至包括成都客家人中义和团运动首领“廖观音”，都表现了疾恶如仇、意气风发的精神气质。所以说，客家人的生存哲学更多的应该是一种迁徙者普遍的文化心理。

“客人以耕读为本，家虽贫亦必令其子弟读书，
鲜有不识字、不知稼穑者。”
“生女不论贫富，皆以缠足为戒。
凡耕种、樵牧、井臼、炊爨、纺织、缝纫之事，
皆一身而兼之；事翁姑，教儿女，
经理家政，井井有条。
其聪明才力，真胜于男子矣。”

第六章
客家人画像

无论是在岭南，还是在四川，客家妇女都是客家社会最坚实的支柱。

如果给客家族群画一幅肖像，大致可以这样说：这是一个名人辈出、团结奋进、重视教育、有着悠久历史文化根基的族群。在四川的客家名人里面，有朱德、郭沫若等杰出人物；在成都的客家名人里面，也有出生于洛带、第一个预测太阳系存在第十大行星的留法博士刘子华先生等。那么，长期从事耕读生涯的客家族群是如何培养和造就他们的人才的呢？

家传的瓷器也跟珍藏的族谱一样，寓示着客家人对于忠孝和诗书生活的向往。（摄于龙泉博物馆）

作为一个客家移民的后裔，我熟悉这个族群在成都的创业历史和文化心态，但最令我印象深刻的，还是客家人对教育的重视。这里所说的教育并非单指文化与知识的传播，而更多地是指如何通过客家人的言传身教，使自己的子女活得更像一个客家人。换句话说，客家文化的精髓是从如何做人开始的。我至今仍清楚地记得，在油菜花盛开的田野和炊烟袅袅的村落，客家人的父母常常会训诫那些衣冠不整的子弟："歪戴帽子斜穿衣，长大不是个好东西。"这看似一句浅薄和没有逻辑依据的话，但它正是客家人传承华夏儒家文化的一个明证。

在成都，一个客家人从出生到死亡，无时不受到这种“修身文化”的影响和制约。过去我们说客家历史悠久，大量地传承了中华古典文化，而且大部分是中原的衣冠士族，但相对于我们现在看到的客家人来说，这种看法好像是虚妄和不着边际的，因为他们大多数居住在农村贫瘠的丘陵山地，每年的大部分时间是在跟土地打交道——可是，只要你深入地了解了客家人做人的法则，你就会坚定不移地相信，客家人一定是有着深厚文化底蕴和悠久历史背景的奇特族群。

一个客家人呱呱落地的时候，父母首先考虑的是他们的姓名。客家人取名是有很严格的血缘和宗族观念的，并非是随意而为、草率处理。每一个家族的祖先早就为后代们制定好了“班辈排行榜”，它就像是一根环环相扣的家族世系链条，你的位置其实是早就被预排好的。今天，当我们翻阅成都客家人遗留下来的族谱，会发现每个家庭的入川一世祖，几乎都把子孙的班辈预排到了数百年以后，比如成都《萧氏族谱》的班辈排行口诀就说：

应宗文斌云，耀光世泽新；
齐梁增福寿，成衍锡祥祯；
安富声名显，尊荣家道兴；
诗书传万代，忠孝继千春。

这首班辈排行口诀，是由萧氏家族第一代入川始祖、“应”字辈的前辈编写的，读起来像是一首既朗朗上口又吉祥如意的诗歌或歌遥。事实的确如此，口诀中的每一个汉字都经过精心的挑选和编排。看得出，祖宗们为了这首口诀，曾经挖空了心思挠破了脑袋，确是煞费苦心。作为一个长期从事农垦的族群，有必要在子孙的名字上花费这么大功夫吗？其实，仔细揣摩这首家族班辈歌，我们可以发现它是客家人在流浪迁徙生涯的间隙，对于过去官宦诗书生活的一种怀念和向往。“诗书传万代，忠孝继千春”，每当家族中那些斗大的汉字不识几个的老者，像锄地般熟练地念诵它的时候，我知道祖先的心思没有白费。

在古老而精致的雕花门窗背后，隐藏着一部独特而新奇的客家教育史。

卧薪尝胆的祖先已经为这个家族的子孙预排了40代的字辈，即使20岁算一代，也要整整800年啊！成都客家人注重这种宗族文化仪式，直接的好处是使家族世系显得非常清晰，便于梳理，只要你报上你的班辈排行，老人们掐指一算，就清楚地知道你的辈分，不至于因迁居、分家或久不来往而混淆大小亲疏关系。

因为这个祖宗预排的口诀，还发生过一件有趣的事。我是萧氏家族入川的第10代后裔，“新”字辈。上小学的第一天，老师拿着花名册点名。当念到我的名字时，班里同时站起来三个同学。老师很吃惊，下来一访查，才知道都是萧氏家族在洛带的后裔，按班辈都该是“新”。老师图方便，保留了一个人的名字，改动了一个人的名字，我的名字干脆就把中间的“新”字去掉。这下可惹了大祸，家族中的人找到老师论理，说你把他的班辈都划掉了，你这不是乱了家族的规矩吗？时间一长，我们怎么知道他是哪房哪辈？我讲这个故事的目的，是想说一个客家人来到人世以后，会按照家族固定的血缘和宗族坐标定位，你很难逃脱这张网。祖先们用这些典雅的汉字给你命名定辈，一定是有不可言说的苦心，希望后裔们能像这些汉字一样堂堂正正，忠义仁孝，光宗耀祖。

客家人有唱山歌的雅好，这跟他们长期以来习惯山地生活有关。当他们千里迢迢来到成都后，这种习惯仍被保留。但是在客家人的歌谣中，我们很难找到关于男女私情之类的情歌，大多是“德育歌”。比如，在客家世界内部最为知名的《客家姑娘》，就是专门教育女子如何做人的：

客家姑娘，鸡啼起床。梳头洗面，先煮茶汤。灶头锅尾，洗擦光光。煮好早朝（早饭），刚刚天光（亮）。洒水扫地，挑水满缸。

吃过早饭，洗净衣裳。上山砍柴，急急忙忙。养猪种菜，熬粥煮浆。纺纱织布，不离间房。针头线尾，收拾柜箱。不讲是非，不敢荒唐。开锅铲起，先奉爷娘。爱惜子女，好似肝肠。砻谷舂米，无谷无糠。人客来到，轻声细讲。欢欢喜喜，扯扯家常。鸡卵鸭卵，豆豉酸姜。有米有谷，晓得留粮。粗茶淡饭，老实衣裳。越有越俭，不贪排场。米缸有米，挨雪经霜。捡柴去卖，不蓄私囊。不偷不窃，品行得当。不嫌丈夫，不骂爷娘。此等妇女，正大贤良。人人称道，客家姑娘。

客家妇女是传统客家社会的精神支柱，她们不缠足，跟男子一样从事农耕和贸易，勤敏过于其他族群的妇女。

▲客家妇女的勤敏跟民系的迁徙历史和所面临的自然地理条件有关。（摄于清水乡）
▲▲就像一个谜，世代从事农耕生活的客家人对于修身、齐家、治国有一种坚定的梦想。（摄于洛带镇莲花村）

而与之对立的一首《懒尸妇道》，则是专门用以批评那些懒惰、荒唐或品行不端正的客家妇女：

懒尸妇道，讲起好笑。半昼起床，喊三四道（次）。讲东道西，过家耍笑。水也孖（不）挑，地也懒扫。发披髻秃，过家去嫐（玩）。田又不耕，又偷谷粜。不理不管，养猪成猫。上圩出入，一日三道（次）。煎堆扎粽（煎饼或粽子），样样都好。有钱来买，偷米去斟（换）。老公打她，开声大叫。去投外家（娘家），眼汁（眼泪）像尿。爷喊无用，娘骂不良。归不敢归，嫐不敢嫐。妹家送转，老公又恼。送归男家，人人耻笑。诈走跳塘，瓜棚下嫐。原先讨来，用银用轿。早知如此，贴钱不要。

看罢这两首歌谣，读者可能会产生一种错觉，认为客家妇女也像传统的中国妇女那样，在男权社会的权威下受尽欺压，地位低下。其实客家妇女在客家社会里面有着很高的地位，她们既不缠足，还要从事贸易和农耕，并且照顾一家人的生活。在成都东山洛带镇的公园里，直到民国时期还有一家专为客家妇女开设的“女子茶社”，说明客家妇女在社会生活的很多方面，都享有与男子同等的权利和地位。

现存于客家博物馆的“醒酒桩”，是对公共环境下醉酒客家人的警醒。

在成都客家人中，我们也发现不少类似的说唱文本，而且被编成儿歌的形式广为传唱。这个现象说明客家族群无论迁徙到怎样的环境之中，对子女的“德育”教育都是一件关键的大事。怎样做一个客家人，怎样做好一个客家人，这是整个族群的文化背景和传统所必需的。在成都东山客家人聚居区，曾经流传过一本《广东小儿歌》，它是客家人平时对子女念诵的一种说唱文本，文体简洁，琅琅上口，跟上述《客家姑娘》和《懒尸妇道》非常神似。兹录几首以作对比：

劝妇女勤敏

斑竹桠，乡里大嫂会当家。日里做庄稼，夜晡纺棉花。又种豆子又种瓜，小菜种了一泼拉。半夜刚（音 jiang）上床，下床天未光（亮）。蒸酒酒不酸，腌菜菜又香。喂猪猪会肥，种粮堆满仓。煮饭不烧锅，挑水水满缸。家官家娘（公公婆婆）有酒菜，亲戚家门她（音 ji）会待。好酒好菜送外背，灶头锅尾不偷嘴。勤俭过日子，有柴又有米。天干年辰不贷账，迎婚嫁娶有钱使。百斤担子挑得起，一日要走一百里。我问大嫂恁干快，因为脚板大（不缠足）。

劝友爱

家务想顺遂，先要弟兄姊嫂能和气。阿哥惜老弟（音 tai），免祸又免灾。老弟敬阿哥，年年好事多。大嫂惜小郎，年年有钱长。小郎敬大嫂，年年赚元宝。弟兄和气家不分，代代都有好子孙。姊嫂和气家不败，子子孙孙福气大（音 tai）。

戒好吃

三六九，赶场走，打平伙，食烧酒。你敬我（音 ai），我敬你，钱多钱少不稀奇。食一台，又一台，今场食了二场来。大食当小赌，屋头（家里）没米煮。

把客家人的修身齐家之道编成儿歌的形式进行传唱，这在《三字经》等传统蒙童读物中有所体现，但都不如客家人的歌谣来得那么亲切，因为它完全结合客家人的日常生活进行言说，非常朴实和打动人心。

用这样的教育理念和方式培养下一代，是否会在客家世界真正形成仁孝和谐的社会氛围？以我个人的经验而言，我认为这一点是被客家人切切实实做到了。举例而言，成都东山洛带镇现存一根“醒酒桩”。这根石柱像一块碑，碑身铭刻“醒酒桩”三个大字，碑身缠绕一根粗壮的铁链。据客家老人回忆，这根“醒酒桩”以前放置在下街口的栅子门旁边，凡有当地客家人赶场喝醉了酒，在出街的时候会被巡守捆绑在醒酒桩上，一方面起到警醒的作用，一方面

清光绪年间客家禁赌碑。对客家人行为的规范，是客家人教育理念的基石和出发点。（摄于客家博家馆）

也是对酗酒者的惩罚。只有等醉者醒来，承认了错误，巡守才会给他松梆。我当时看到这件文物的时候也很吃惊，想不到客家人除了以家族为单位对子女进行行为教育以外，还将范围扩展到一个社区、

一个集镇，成为了一种公共行为教育。

据洛带镇的客家老人回忆，民国时期，洛带镇的军政首脑舵把子刘惠安，每天会坐轿巡视居民家中的水缸和潲缸。水缸里的水不满会遭到惩罚，潲缸中有倒掉的米粒或剩菜也要遭到惩罚。甚至家中子女有违父母，悖孽不孝，吃喝嫖赌，都会被捆绑起来公开示众。作为一个客家人生活社区，合理的行为法规和言行举止是受到公众集体监督的。

同样，在成都客家人遗留的族谱中，除了清晰地记载祖先入川经历和世系以外，无一例外地约定了本族人的行为规范。根据家族的类型或现实状况，对子孙行为规范的约束又各有侧重，比如成都《冯氏族谱》家规就有如下约定：

1. 事父母，最宜孝敬体亲，心悦亲志。或有过误，即当委婉几谏，不得径情直犯，触恼生嗔，亦不得含忍腹诽，须请命而行。凡事诸父诸兄皆然，在嫡庶前后亦宜尽道，以悦亲心。

2. 凡从堂伯叔尊长，虽贫贱必敬之，背地不可呼名。某伯某兄已死，尤宜讳之，必称某号伯叔，某号兄长。唯侄可呼名，然有年德名位之侄，亦宜称字。

3. 家贫而资中下，先读而后耕，或商贾贸易，佣工下力，皆可以仰事致富，勿为卑贱失德。

4. 择业宜慎，不愧良民。最宜戒者，莫过于赌博、洋烟、邪教、巫觋、戏乐、渔猎、讼师、棍徒、跟官、长随、门子、差快、皂隶等类，违天悖理犯刑宪，习卑污，辱先人，定须戒也。

5. 死丧大事，衣衾棺椁，事事合法，入土为安，勿过惑风水。

6. 族人贤愚不一，总有龃龉，须容忍之。或请族长房尊至亲等理处，万不可致讼。

7. 忠厚为传家之宝，勤俭乃创业之由。若奸险刻薄，怠忽奢侈，乃败家之因，切须忌之。

8. 各房子孙知书达理固为上善，次之能知畏法律，不肯为恶亦好。再不能然肯于闲时，将家规教诫请人读，晓得为人大概，亦不枉为人子孙矣。

9. 婚娶只论人家贤否，家法如何，读书否也，不论其家赀。若起家忠厚，传家有法，子孙自然兴起，女自贤淑，不可于乳哺时订婚矣！佳婿必择，淑女必求，勿图重聘厚奁，眼前欢乐。

客家人勤劳的一生，会在他寿终正寝的那一刻得到家属和邻里最高级别的颂扬。

每当我们阅读客家人的族规、家训，头脑中自然会浮现出这样一幅图景：在一个五世同堂的巨大家族里，透过大宅深厚的院墙和雕花的窗户，能够看见家族的长者威严地端坐于祖堂的一把太师椅上，所有子孙的言行都逃不过他锐利的目光，一大家子人在一种制度的约束下和睦相处，秩序井然。这显然是中华传统文化忠义孝悌观念的浸透。同时，我们还欣喜地看到，客家人的族规里面不时会出现一些新的思想和观念，比如上述冯氏家规就提到：

指腹为婚或订娃娃亲的举动是愚蠢的；婚娶不必门当户对和过分注重礼金，而应当以人为本。正如《冯氏族谱》在宗规的总则里所说："教训子孙为人生第一事，诗书尤为第一事。古人云，子孙虽愚，经书不可不读。秀敏者，固可以出身，成名起家，光前裕后；朴拙者，亦可以变化气质，保身保家。"在客家人看来，人生的头等大事不是升官发财、金榜题名、洞房花烛，而是如何教训子孙，这或可视为客家族群与别的族群对人生价值追求的最大区别。

在成都东山客家人聚居区，丧葬习俗中的某些细节曾经给我留下深刻印象。那是一个人盖棺论定时所得到的最终评价，一直受到当地客家人的认同和拥护。整个仪式的过程是这样的：主持丧仪的人事先来到丧家，手执纸笔向家族中的每个人询问死者生前的情况，除了生卒年月、事迹生平以外，最重要的是搜集死者可以传范的言行事迹。比如，他身前说过哪些富有哲理、同时又对后代有教育意义的话，是否有过救苦济难、大义灭亲、扶困济危的英雄壮举等，然后按照一定的格式抄录下来。虽然有点像是悼词的意思，但比普通的悼词更生动活泼、真实、寓意深刻。

丧仪开始的时候，主持人高高地坐在一张方桌上，居高临下地环视着死者的亲属们，第一个议程是"点主"，意思是把死者亲属们的名字都挨次点一遍。点到者，按先后顺序排列在灵堂前。在一片肃穆的气氛中，主持人开始念唱事先抄录的死者生平和事迹。感人处，不光亲属们号啕痛哭，连主持人也跟着唏嘘不已。由于这些主持丧仪的乡村知识分子本身就是客家人，既有文墨，又见多识广，因此长长的祭文往往可以念唱到一两小时。如果死者是妇女，那么养育儿女的辛酸和家务操劳的事迹，就会被大肆渲染；如果死者是男子，那么他对这个家族的贡献和所承担的责任，就会被生动鲜活地梳理一道。

▲多年的生息，已经使客家人成为了这片土地的主人，最初的梦想终会成为幸福的现实。（东山场镇的铁匠铺）
▲▲客家人的思想观念中似乎总有一种特别古老和温暖的东西，就像这个雍正年间的青釉瓶，散发出柔和而深沉的光辉。

类似的丧仪我在别的族群中没有见到，它既是对死者亡灵的追念，又是对生者的鼓舞、鞭策和激励。总之，是告诉人们如何做一个客家人，如何做好一个客家人。

仪式的后期，所有的亲属还要在主持人的率领下绕棺而行，一匝复一匝，下跪再下跪。这时候，主持人会念唱许多传统的忠义节孝段子给大家听，以增强生者对死者的感激和怀念。中途，按照主持人的号令，亲属们还要挨次到死者灵前上香。但是上香之前，必须在一只装满清水的盆中沐手，以示恭敬。

整个仪式完毕以后，主持仪式的先生会把那篇感人的祭文留下来，作为一个精神遗产留给这个家族的后代。

东山地区客家人在举办红白喜事时，常以“坝坝宴”“九斗碗”的宴饮形式款待亲朋邻里。

公元1808年，清嘉庆十三年，执教于广东惠州丰湖书院的客家人徐旭曾（前清进士），曾经写过一篇被后人称作“客家人宣言”的《丰湖杂记》，其中谈到了许多客家人的特点：“客人以耕读为本，家虽贫亦必令其子弟读书，鲜有不识字、不知稼穑者。”“生女不论贫富，皆以缠足为戒。凡耕种、樵牧、井臼、炊衅、纺织、缝纫之事，皆一身而兼之；事翁姑，教儿女，经理家政，井井有条。其聪明才力，真胜于男子矣。”“客人风俗俭勤朴厚，故其人崇礼让，重廉耻，习劳耐苦，质而有文。”按照徐旭曾的分析，客家人拥有这些精神特质，是由于：“今日之客人，其先乃宋之中原衣冠旧族，忠义之后也。”其后，无论客家人迁徙到海外，迁徙到成都，这种独特的精神气质都未因环境的改变而改变。

成都客家人自觉地对族群文化
和母语的保存，
是他们到目前为止没有被湖广文化
所同化的根本原因。
成都的客家人很巧妙地保存了自己的文化，
并且在与周边民系交流时应对自如。

第七章

漂移的孤岛和“汉语化石”

东山石经寺的佛事活动。在客家丧仪中，往往也有各种经文的念唱，以此表达生者对亡灵的祝福。

波澜壮阔、可歌可泣的“湖广填四川”移民运动，经过若干年的激荡、整合，最终在成都形成两个既相互独立又关系密切的文化团体。这个过程就像一杯水被逐渐澄清，一些性质相同或相近的物质被集合在一起。我所说的这两个文化团体，一个是湖广文化团体，另一个就是客家文化团体。

湖广文化是在融合了湖南、湖北以及本土文化等多省份地域文化的基础上形成的，也就是说除了南方的客家文化，强大的湖广文化几乎集合和吞并了所有入川省份的文化，它的凝聚力非常强大。而客家文化团体，仅仅是南方赣闽粤客家聚居区的移民所组成的一种文化，它的势力范围很小，人口也不多。据清代《成都通览》统

东山龙泉湖鸟瞰。山地生活的长期历练使客家人形成一整套智慧的生存哲理。

计，来到成都的客家移民约占整个移民数量的10%，相对于强大的湖广文化团体来说，它只能算是一种弱势文化。然而问题的关键也正在这里，为什么其他地域的文化会被湖广文化吞并，而客家文化却始终保持一种独立的姿态？甚至在无所不在的湖广文化包围圈中，形成独具特色的文化孤岛？

客家文化的生命力是如此强盛，尤其是移居成都的客家人，欲保持自己文化的独立性和完整性是非常困难的。相对于南方的客家大本营来说，他们一无辽阔而相对稳固的族群聚居区，二无众多的人口和相对漫长的居住历史。换句话说，保存这种文化的外部环境比原来的差之甚远或者说更加恶劣了。然而奇怪的是，南方的客家人来到成都以后，不但原汁原味地保留了客家文化，而且在移民运动完成200多年以后，成都的客家文化还如此鲜活，表现出如此旺盛和强大的生命力——这就是本章想讨论的话题：客家文化几乎与生俱来的自我保护机制是从哪里来的？

广东会馆山墙眺望东南方的姿态，会令人想起一位母亲在村头的眺望。

首先，从客家人的居住环境看。客家人的祖先最初居住在黄河流域，后来因北方少数民族南下和受农民战争的影响，从西晋末年开始大批向长江以南迁徙。一批又一批的中原汉人逃避着战乱的烽烟，最终汇入到江西、福建和广东交界处的莽莽群山中。在这个交通不便、相对封闭的大本营中一住就是五六百年。后来流传的“住山不住坝”的祖先遗训，应当是客家人在这个特殊区域所总结的一种生存哲理。因为客家人的祖先一直在过一种漂泊动荡的生活，背着祖先的遗骨在兵荒马乱的年月逃生，而唯有在这广袤而封闭的山地里，客家人才真真实实地体会到了一种安全感。动荡漂泊的历史记忆，几乎成为了这个族群最深刻的集体记忆。

寻求相对封闭和安全的居所，似乎也是入川客家的本能选择。从现在客家人在四川的三个主要聚居地来看，几乎无一例外地都是条件艰苦的山地、丘陵和河谷。比如成都东山地区的浅丘和山地，川中沱江流域的简阳、资阳、资中、内江等丘陵地带，川北的仪陇、广安等山区丘陵地带。虽然入川的客家人事实上在到达蜀中的时间是偏晚一些，大批的良田沃野已被其他省份的移民占据，但从文化心理上看，选择条件艰苦的居地也许比选择那些平坦的沃野，要更符合他们的内心需求和族群心理。

成都东山从地理条件上看，是这样一个所在：位于川西平原东部的平原和山区过渡地带，由于龙泉山脉的阻隔，成都到重庆的驿道仅仅是羊肠一线。加之这里的丘陵和黄土没有河流灌溉，因此长期得不到大面积的开发。可是自从岭南的客家人来到这里以后，他们一眼看中了这块风水宝地。在这些客家移民眼中，成都东山不仅跟南方的山地条件很相似，而且紧靠着成都这座巨大的城市，无论从经济还是文化的角度看，都是一块进可攻、退可守的良好栖息地。当然，这样的地理环境是十分有利于族群的聚居和文化的保存的。

镇宅石。这种据说可以驱凶避邪的石雕在东山客家聚居地随处可见。

其次，从客家族群的得名看，客家人始终难以摆脱客居他乡的心理阴影。这个由南方土著赐给他们的名字，不光形象地说明了他们的生存现实，而且一语道破了他们的文化心态。这群中原汉人迁徙到南方山地以后，头脑中不是想如何跟当地土著进行广泛的政治、经济、文化合作，迅速融入到当地的文化和社会生活中，而是固执地修建起高大的土楼围屋，在这个自成一体的庞大建筑中，回忆中原阔大的府第宅院和宁静的诗书生活，过起了“耕读传家”的半隐居生活。这是一个跟时代几乎脱离关系的族群，他们的语言和文化不能随时代一起变化，而是突然被封固在一个特定的时空黑洞中，

客家人一般具有顽强的生命力，就像图中的大钟和图腾柱一样，迁徙、传播、奋发、生存，几乎成为了这个民系的生命主题。（摄于洛带药王庙）

仿佛是被一场大雪骤然封存的草场，只有等到春暖花开的季节，这片草场才又焕发出勃勃的生机。

成都东山的客家人同样保持着这种客居的心态。在南方，当地土著称他们是“中原来的、客居他乡的人”；在成都，湖广人和本地人称他们是“土广东”。他们总是生活在错位的时空坐标之下，冷静地跟这个飞速发展的时代保持着那么一段距离。从成都客家人跟湖广人的关系来看，客家人始终是以低调的姿态处理族群间的关系，理智地保持着“客人”的心态和处世原则。比如在移民的初期，不跟湖广人争夺平原中的良田沃野；当两族婚姻关系出现裂痕时，也往往采取退让的态度。

第三，客家人和客家文化之所以在陌生的环境中顽强地生存下来，还跟这个族群强烈的危机意识有关。一般来讲，经常迁徙的民族或人群会有危机感，这就如同野鼠比家鼠更知道囤积粮食并保持对环境的敏锐观察一样。部分客家人随着“湖广填四川”的移民浪潮从南方来到成都，在旅途和定居的初期发生过如下一些危机感很强的事例：

大部分的南方客家人在选择离开旧居地的时候，都感到旧居地的生存条件日益恶化，不能等死，而必须选择一个新的、条件相对更好的生存空间。于是，他们携家带口、不远千里开始了他们的西迁运动。一路上，有的人用土陶骨瓮背着祖先的遗骨；有的人在路途的风霜中感染疾病，一命呜呼。成都《刘氏族谱》就记载他们的祖先从江西入蜀时，一个名叫刘立璋的祖先病死半途。一个善于迁徙的族群，一个最终能够到达目的地或者能够安全生存下来的，一定都是身心最强健的人。

来到成都东山地区以后，客家人的居住方式是聚族而居，从现在保留下来的地名看，比如萧家沟、钟家老房子、刘家坝子等，均可见客家人往往是以家族和整个族群的聚居来保持自己的文化和生存权利。

东山地区发现了许多浮雕水缸，浮雕图案大多暗示了这个民系所崇尚的思想观念、道德观念和生活方式。

而且，在建筑上虽然不像在南方时，修建巨大的围屋使家族数百人聚居一处，但也体现了一定的危机意识和安全意识。有一些古老的客家民居，甚至修建有用于防御的碉楼和眺望塔。

同时，一个经常迁徙的民系或危机感深重的民系，必然使得他们的妇女十分强健、坚韧。晚清政治家兼诗人的客家人黄遵宪曾经对客家“妇女现象”进行过特别的关注：“客民，其性温文，其俗俭朴，而妇女之贤劳，竟为天下各种类之所未有。大抵曳跛履，戴叉髻，操作等男子。”那些家境困厄的贫苦人家妇女，多半“蓬头赤足，帕首裙身”，她们挑担负重，提篮荷锄，奔波忙碌于街肆之间、田野之中；“而窥其室，则男子多贸迁远出，或饱食逸居无所事”。那些中等人家的客家妇女，则“耕而织，农而工，豚栅牛宫，鸭阑鸡舍，牛牙贯错，与人杂处。而篝灯砧杵，或针线以易缕，抽茧而贸丝，幅布而缝衣，日谋百十钱，以佐时需”。至于那些豪宅贵族家里的客妇，虽然在时间上稍微闲暇，但也是“井臼无不亲也，针管无不佩也，酒食无不习也”。

面朝东南故乡的洛带镇广东会馆前殿。其朝向代表了成都客家人对故乡的眷恋和文化追思。

虽然黄遵宪描述的是岭南客家妇女的勤劳勇敢，但这样的品质用于成都客家妇女身上，也是十分准确贴切的。屡次的迁徙，不停地面对新的陌生环境，使客家妇女成为了这个族群中支柱般的存在。正是由于客家妇女的精神凝结，才最终使得客家人一次次面对新的挑战而化险为夷，落地生根，茁壮成长。

生活在成都东山地区的客家人，对自己的文化似乎有一种天生的保护意识。洛带镇广东会馆后殿底楼有一副石柱楹联："云水苍茫，异地久栖巴子国；乡关迢递，归舟欲上粤王台。"这是移居到洛带的客家人对故乡的一种思恋，同时，又是文化传统上的一种追根溯源和认祖归宗，也就是说，客家人无论置身何处，都始终有族群文化的认同感和归依感。洛带镇广东会馆的朝向也很奇特，不是一般寺庙和公众建筑的朝向，而是端端地朝向东南方向的广东故乡。而且，在镇子东面的山坡上，至今还保留着大片的红豆林——"红豆生南国""此物最相思"。这些被入川始祖携来的树种，如今已经长成了一片郁郁葱葱的参天大树。

一个族群的文化是被历史深深渗入血脉的精神气质，要轻易地改变它，显然是一件难上加难的事。生活在成都的客家人自觉地保存自己的文化符号，以使自己不跟别的族群混淆；其中最显著的文化符号，莫过于他们的母语——客家话。

研究客家问题的学者一直在为一个问题喋喋不休，那就是：怎样界定一个客家人？是根据血缘，还是根据个体对族群文化的认同？其实按照我的观点，会说母语才是一个真正客家人的必备条件。假如一个中国人连汉语也不会说，那么，他作为一个中国人还有何必要！事实正是如此，在成都客家人内部，也一直是把"只说客家话"作为族群文化认同的最高标志。

成都东山是一个典型的客家人生活社区，如何保持作为母语的客家话的继承发展，是一个值得深思的问题。（摄于龙泉镇）

20 世纪 80 年代，成都的民间文化机构在对成都东山地区客家人聚居区进行民俗调查时，曾经收集到一段口述材料：

从前，有个客家小伙子偷偷学会了说湖广话，就去勾引人家湖广姑娘。这天，他下山去，看到一个湖广姑娘在菜园里摘菜，便上去搭白（搭话）。他边东拉西扯地跟姑娘说着，边就动手动脚起来。姑娘以为是自家人，见他又长得“伸展”（四川方言，意指漂亮、英俊），也装着不晓得小伙子的“歪心思”。

哪晓得姑娘的父亲回来，看到小伙子对女儿非礼，“鬼火冒”（四川方言，意指十分愤怒），跑过去把小伙子逮住，吹起牛角号。周围团转的人听到了牛角号声，都“撵拢”（四川方言，意指赶来聚集）来站了一院坝。他们把小伙子吊在树上，拿吆牛（赶牛）的条子打，打得小伙子血流血滴，惊叫唤。小伙子抵不住了，只好说出自己是山上的客家人。

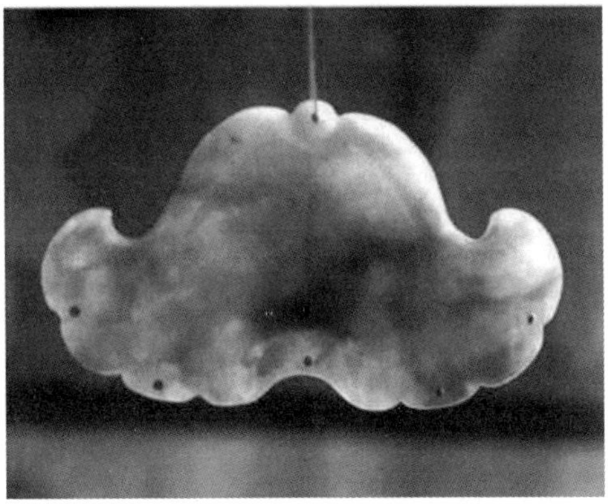

客家人随身佩戴的小饰件。弱势文化融入强势文化似乎是时代发展的规律，然而其中那些宝贵的非物质文化遗产也有保存的必要。

姑娘的父亲马上派人上山，要客家首领带一百挑桃子、一百挑苹果、一百挑梨子来换人。客家首领晓得这件事情后，只好喊人担着东西下山把人换回来。随后，他把小伙子带到山上，吹起海螺，把周围团转正在做活路的客家人都招拢来了。客家首领在神龛上点起香蜡，叫小伙子跪在祖宗的灵牌前，向大家认罪。小伙子晓得自己犯了死罪，就向祖宗磕了个头，“拉伸”（四川方言，意思是撒腿跑开之意）一趟子跑到山崖边，跳崖自尽了。随后，首领喊大家跪在祖宗灵牌前，高声宣誓：“从今天起，客家人只说客家话，哪个说了湖广话，就是背叛祖宗，要按宗法治罪！”客家人一齐说：“我们决不背叛祖宗！”从此，客家人世世代代就只说客家话了。

这则口述材料透露给我们不少有趣的文化现象：首先成都的客家人是居住在山上，而山下是湖广人的领地，这种文化和地域界线的划分跟实际情况是一致的；客家人用于联络和召集乡亲的道具，是来自南方沿海的海螺，而湖广人使用的是本地产牛角，充分代表了各自的文化习俗；按说一个客家小伙子学会了湖广话，并跟一个湖广姑娘产生私情，应当是两个族群文化交流的一个良好开端，可是事件却没有朝有利的方向发展；最终，客家小伙子明白了自己的

"过错"，跳崖自尽，而其他的客家人似乎也从这次事件中吸取了教训，发誓从此以后"只说客家话"了。

作为一则民间口述文学，我们无法求证它的真实性，但是客家人对母语的忠贞，似乎可以从此看出一些端倪来。

客家人在尚未被外界发现和认识的时候，曾经闹过不少笑话。比如说 18 世纪末，广东省主编县志的一帮迂阔老头，根据主观臆测和猜想，在《新会县志》中将"客"写成"猪"；而在另一本名为《四会县志》的地方典籍中，编者又用嘲讽的语气批评《新会县志》说：世上的汉字哪有 3 客嘛，分明是想当然的胡乱造字，以我们的判断，"客乃汔之讹"。1930 年，广东省《建设周刊》杂志发表一篇介绍客家风俗的短文，竟出人意料地道："吾粤客人，各属皆有……分大种小种二类，大种语言啁啾，不甚开化；小种则语言文化，取法本地。"

客家人的宗祠似乎最能反映这个民系作为华夏传人的正当性与合理性。（摄于田颂尧家祠）

客家人和客家话被人无端地误解，其实是有原因的：第一，客家人从来居住在交通不便的山地，跟外界的经济文化交流相对较少；第二，客家话是客家人带入山地封存起来的唐、宋时甚至更早前的中原官话，由于相对封闭的地理环境和部分少数民族语言的浸透，使得它像是一块语言的活化石一样古奥、难懂，这就难怪外界把客家话猜测成“啁啾”难懂的“鸟语”了。

客家话的古老有如客家人的会馆和民居一样，总是在朴实无华中透露出典雅纯正的风范。（摄于洛带镇）

通过上面的分析，我们似乎懂得成都的客家人为什么要编造一个故事来让子子孙孙都说客家话。你们外边的人不理解客家话，我们客家人也不跟你们争辩和计较，只要我们客家人自己明白客家话的珍贵就行了。客家人的祖宗把典雅纯正的中原官话传下来，我们一定要像珍视自己的生命一样珍视它，这就是客家人对母语真正崇敬和珍重的原因。

走进成都东山客家人聚居区，无论是在集市、田野，还是在人烟辐辏的村落，你都可以听到一种古老雅致的语言。就日常生活用语而言，我们可以举出下面的例子：

上午下午（上昼下昼）

上面下面（上背下背）

太阳（热头）　月亮（月光）

昨天（旧晡日）　今天（今晡日）　明天（天光日）

公公婆婆（家官家娘）

弟弟妹妹（老胎老妹）

头发（头发毛）　眼睛（眼珠）

大拇指（手指公）　小拇指（手指尾）

脖子（颈茎）　肚子（肚白）　胖（肥）

雀斑（乌蝇屎）　一日三餐（食朝、食昼、食夜）

毛巾（面帕子）　洗脸（洗面）

穿件外衣（着件面衫）　回家（转屋下）

睡觉（睡目）　堂屋（厅下）

娶媳妇（娶心舅）　大碗（碗公）

衣服（衫裤）　衣领袖子（衫领衫袖）

一片叶子（一匹叶子）　舒服（安乐）

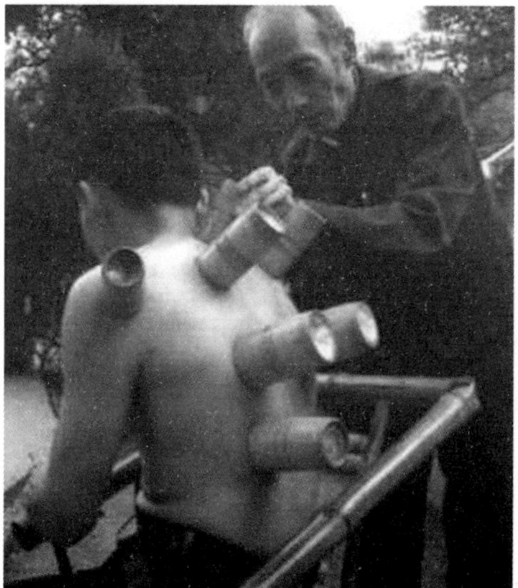

也许再过若干年，东山客家话有可能像这古老的技艺面临消失的危险。如何挽留这雅致的“汉语化石”不从人们的眼中消失？（摄于洛带公园）

客家话最显著的两个特点，一是它有大量的古代汉语掺杂其间，二是保留了相当多的汉语古音韵。这些古代的音韵由于今天已经停止使用，所以用现代汉语给客家话注音就是一件吃力不讨好的事。比如“夜”字，客家人不读“液”，而是读成“亚”；“鱼”字客家人不读“于”，而是读成类似于拼音中韵母 eng 的音。

过去有学者为了证明客家话是唐宋时甚至更早前的中原官话，曾经用客家话朗读唐诗宋词甚至更早的《诗经》。结果证明，许多用现代汉语朗诵并不押韵的诗词，用客家话朗读却十分朗朗上口，合辙押韵。比如杜牧的《过华清宫》：

长安回望绣成堆，山顶千门次第开。
一骑红尘妃子笑，无人知是荔枝来。

用现代汉语发音来读这首诗的时候，我们发现它是一点儿也不押韵的；但是换成客家话一读，却是十分的押韵和好听，“堆”和“开”的客家话韵母完全一样，“笑”和“来”的客家话发音韵母也完全一致，这难道是偶然的巧合吗？从另一个角度看，既然客家人的祖先是从中原逃难进入岭南，那么，他们必然会把当时的中原汉语带入栖息地，这一点是毋庸置疑的。

总的说来，成都客家人自觉的对于族群文化和母语的保存，是他们到目前为止没有被湖广文化所同化的根本原因。在这种特殊的地理位置和文化日益趋同的时代，成都的客家人很巧妙地保存了自己的文化，并且在与周边民系交流时应对自如。一个成都东山客家儿童，往往同时使用三种语言来应对不时变换的环境——在家说客家话，在课堂上说普通话，在与周边民系儿童交往时说四川话。这既是对古老文化自觉保存的需要，也是时代发展的需要。

对于一个擅长迁徙的民系来说，

一块故乡泥土的寓意不仅仅局限于生理，

它更多地是给予他们心灵的慰藉。

离别故土的创痛和对于遥远异乡的憧憬，

使这块泥土具有了特殊的审美价值。

第八章
乡土之恋

离开故乡 20 余年以后，回过头仔细打量这片生养我的故土，我发现这块由丘陵、黄土和山地构成的乡土竟然是如此温情和美妙，它的贫瘠孕育出富饶的精神和滚烫绵延的血脉。在一个游子心中，成都东山客家人聚居地一直是一个让我魂牵梦绕的所在，我所有的一切都跟那个民系和那片土壤息息相关。

到现在我仍清楚地记得，1983 年夏秋之交的一些甜蜜岁月，我即将离开成都东山前往北京求学。父亲在一个月明如昼的晚上，悄悄来到祖屋后面的杩树林里，用一把锋利的竹刀撬起一块干净的黄土，然后虔诚地用双手捧回，又于灯下拿一块红布细细包裹，置于我即将带走的箱子里。父亲的眼神明亮如水，他用平静得几乎是拍打婴儿入睡的语调对我说：要是到了北京水土不服，头痛泻肚，你就把这块黄土融入水中，澄清喝下，会比什么药都灵的。我疑惑地望着父亲，他的胡子有很长时间没有刮了，头发蓬乱像一窝稻草，然而我还是不得不含泪使劲点几下头。后来听外公说，我们的祖先从岭南迁徙到四川来的时候，也是随身带着一块故乡的黄土，他们坚信只要有这块故乡之土作为护身符，他们就能勇敢闯天下，不得病，不生疾，善始善终。

我带着这块家乡的土壤去到北京，有一段时间我甚至希望自己得一场病，使自己有机会试验父亲的话语，然而我的身体一直处于非常健康的状态，四年中竟然连感冒都少有。虽然我没有体味到故乡泥土医治疾病的神效，但我仍时时刻刻感到，这块压在箱底已然干酥得如一块压缩饼干的黄土，确乎对我有着某种神秘的保护和启示作用。多少个夜晚，我躺在异乡的床榻之上，梦见这块黄土像金

▲温馨的记忆总是跟现实保持着遥远的距离，就像这个老人面对新事物的迷惘一样。我的故乡存留在记忆中敏感的部分。（摄于大面铺）
▲▲对故乡的思念包括故土、家园和每一个亲人、每一个眼神、每一种技艺、每一个场景。（摄于柏合镇）

故乡的庭院依旧笼罩在黄昏的霞光之中，那是游子最刻骨铭心的思念。(摄于洛带镇广东会馆)

子一样发出灼热的光，它把我内心那片隐秘的、关于故土亲情和血缘的天空照得透亮。

其实对于一个擅长迁徙的民系来说，一块故乡泥土的寓意不仅仅局限于生理，它更多地是给予他们心灵的慰藉。离别故土的创痛和对于遥远异乡的憧憬，使这块泥土具有了特殊的审美价值。

一晃20年过去了，日渐老迈的父亲短暂离开家园来到成都他儿子的家中做客。这是一段令我寝食难安的岁月，在这个陌生而喧闹的城市里，父亲像抓住救命稻草一样死死地抓住我，只有当我静静地陪伴他，他的脸上才浮现出一丝短暂的笑意。每当我不在他的身旁，他就像丢了魂似的，烦躁、苦闷、抑郁，像是一个在医院里没人陪护的独寡老人。因此在父亲到来的短暂日子里，我尽量抛开那些凡俗缠身的事务，用他曾经教我的地道的客家话唠家常。父亲明显不适应城市的环境，他常常絮絮叨叨对我说：他从来到城市的第一天起，就感到头晕胸闷，这里的空气和人们忙碌的身影使他感到自己像一条上岸的鱼，他打定主意要回去了，因为他前一晚上还梦见村头的老槐树和家中的古井。他苦闷而狡黠地问我：难道你不想祖屋前面水沟边的樱桃树？今年的花开得一树雪白，像下了一场纷纷扬扬的大雪。

离开父亲的卧室，回到书房的台灯下枯坐，一股忧伤陡然袭上心头。狡黠的父亲其实已然完全洞穿了儿子的心思，离开故乡 20 多年以来，我所过的无非是一种追名逐利、颠三倒四、苦闷抑郁的生活，我已经没有平和的心境去体味故乡之美、生活之美、人生之美。我其实多么思念故乡的一草一木，在那片风景秀丽的丘陵山地之中，客家人的村落对我来说，像一个草原汉子对蒙古包的思念。我的舌头因为长久没有说客家话，已变得僵硬或油滑；我的喉咙因为没有井中清水的滋润，已变得干涩喑哑。客家人的血脉使我不时怀想这个民系的历史：背着祖先的遗骨迁徙，在最艰苦的环境中牢牢扎根，家族上百号的人和和美美居于一座巨大的围屋之中，勤劳朴实，耕读传家，教育子女，修订族谱……他们所从事的事业和所过的生活，是我梦寐以求的生活方式和人生目标，然而一切都好像来不及了，时间和命运的河流把我带到一个完全陌生的地方。

回忆之船只有在梦中扬起风帆。

从成都东山的客家村落游离出来，再回望那片神奇的故土，一些异常珍贵和温馨的记忆清晰地浮现上来。

我至今仍清楚地记得他们的礼仪和亲情，在岁末年初的农闲季节，祖父祖母带着我们“过家”（走亲戚）。祖父先到镇上买一刀保肋肉、两斤挂面、一封白糖，然后用一只竹编的猪腰形提篼装好；一家人男女老少穿着新衣，沿田垄向十几二十里以外的亲戚家走去。

母亲在出门之前照例会为孩子们梳头洗脸，这不是一般的日常生活细节，而是客家人传承下来的礼仪，因为平日里孩子们都疏于打扮，一个个在泥里滚，在草里钻，全都是蓬头垢面，脏得像泥猴。而这一天不同了，母亲要用香胰子洗尽孩子脸上的泥垢，梳光头上的乱发，打扮得像一节光鲜的嫩藕才许出门。

像广东会馆高昂伫立于风雨中的山墙一样，客家文化在新的移民环境中，展现了它非凡的生命力与生生不息的活力。

快到亲戚家的时候，我们梦寐以求的亲人早在村头的河湾或晒场边翘首以盼多时了。没有一个客家家庭会坐在家里等候客人的到来。亲戚家的狗赶在亲戚之前围上来，又是亲热，又是摇尾，又是舔裤脚。亲戚拉大人的手，摸孩子们的头，寒暄问候一番，再接过祖父手里的“篼篼菜”，喜气洋洋地引领我们往家走。到了亲戚家的庭院，平日里积满鸡屎和柴草的农家小院早已事先收拾得干干净净，一尘不染。我们还没有落座，亲戚家的大人和闺女早端出几盆热水叫我们“洗面”。这是客家人礼仪习俗中最感人的场面，一声姨，一声舅，热乎乎的开水和手帕端上来。我至今记得搪瓷盆的颜色和水的温度，那是刚从集市上买来的，盆底要么绘着鲜红的鲤鱼，要么绘着娇艳的牡丹花，总之是大红大紫富贵吉祥。水是刚从灶前的茶壶里倾倒出来的，除了滚烫的温度，还有一丝柴草和炊烟的气味。热气腾腾的水面上漂浮有一张或绿或黄的新毛巾，松软、干净，折叠得像一块规整的豆腐。待客人们洗脸净手完毕，亲戚家的闺女忙把脸盆收拾。

这时候妇女们都钻入厢房之中团团围坐，在有蜡染的蚊帐、黑漆的箱笼、油灯熏过的墙壁、墙上挂着的镜子等让人甚觉亲和氛围和床角地上微微弥散着的尿臊味中，促膝谈心。谈论的话题无外乎子女的婚事、老人的身体、孩子的疾病。笑一阵，哭一阵，叽叽喳喳，话语绵绵。若干年以后，当我读到名著《红楼梦》时，还不时回想起这样的场面，我们在妇女们温软的膝盖和怜爱的目光中穿行，记忆中有鲜艳的服饰、温婉的亲情和香胰子好闻的气息。

而这时男人们先是坐在堂屋里，吸亲戚家精心准备的叶子烟，焦黄的烟叶和雪白的灰烬，连同浓稠的热茶，使这些泥腿子客家人显得既豪情激越又文质彬彬。

客家人的亲情观念和家族观念除了表现在家族关系的亲密上，还表现在会馆的容纳和布局上。洛带镇江西会馆就像一个温馨的庭院，有小戏台、茶室、花园等设施。

末了，亲戚带着客人来到屋后或田原，一看猪圈里的猪，相互谈论猪的毛色、胃口和长势；二看地里的庄稼，预计收获季节的收成。这样的交流一直持续到午餐的时候。

午餐之前和午餐之后，亲戚们照例用脸盆端出热水叫客人“洗面”，这么繁琐的仪式当时我并不理解，可是后来我被这仪式强烈地感动了。居于山地恶劣条件中的客家人，一直在用这样的仪式延续他们的文化和梦想，就像对客家话的坚守一样，这些仪式一直陪伴他们度过漫长的艰辛岁月。

收割麦子、水稻和其他大面积种植的农作物时，村落里的客家人会以一种独特的方式结成联盟，这种联盟是以家族、邻里关系为纽带，使艰巨的收割工作变得简单易行，且充满友情和欢乐。比如张三在这个秋季有 5 亩稻子需要收割，而他家里只有 3 口人，按劳动的强度计算，起码也得十来天时间才能完成收割、晾晒等任务。但是这时候，如果他联合他的哥哥以及左右邻居，则只需两天就可完成收割任务。于是，这样的收割团体在秋季或夏季的客家村落就一个个形成了。他们重新组合了生产工具和劳动力，采取集团作战的方式，一家一家地完成收割任务。体力好的人从事收割、脱粒或负重挑担等重体力活，妇女或老人从事送茶水、晾晒稻草或做饭等相对轻松的工作。在这个充满友情和乐趣的劳动环节中，每一家人负责提供最好的饮食，保证这个劳动团体有充沛的体力从事下一步的收割任务。此情此景，让人想起解放区大生产运动的感人场面，空气中弥漫着稻谷的清香、劳动的欢乐和亲情友情的融洽和谐。正是通过这种方式，客家人凝聚起一股团结互助的力量，并在这种力量中得到支持与认同。

每年清明节前，仍在成都东山客家人聚居地生活的弟弟会打来电话，告知今年上坟的确切日期。这一天，我会匆忙赶回故乡，参加这个最古老的祭祖仪式。弟弟、弟媳事先置备好了雄鸡、刀头肉、纸钱、坟飘和酒。我一踏进家门，就看见 80 多岁的老外婆佝偻着身子，在堂屋的祖宗灵位前焚香，八仙桌上煮熟的鸡和肉还冒着阵阵热气，纸钱的灰烬像一群鱼在堂屋昏暗的光线里浮游着。这种场面令人产生梦幻般的幻觉，老是觉得故乡那些逝去的亲人仍和蔼地聚于祖屋那并不宽敞的阴暗空间里，日复一日地等待着亲人们的光顾和瞻仰。我们一家老小拿着祭祖的必备物朝坟场走去，田野里到处都是盛开的李花、梨花，颜色都是那种肃穆的白色。透过这些伤感的颜色，在碧绿的竹林一角或葱翠的麦田中间，到处游走着祭祖上坟的队伍。一切都仿佛发生在睡梦中，只有零星的鞭炮声打破这恼人的死寂，把我们重新唤回到现实中来。

每一座墓碑上铭刻着死者的姓名和子孙的缅怀，拨开乱草发现碑座已经被风雨朽蚀得厉害了。弟弟用锄取来新土倾倒在坟上，弟媳撕开由绿、黄、白三色纸叠成的坟飘纸，像流苏一样插挂在亲人的坟头之上。香蜡点燃了，老外婆一边作揖，一边絮絮叨叨地跟坟里的人说话，仿佛是隔着枕头跟自己最亲近的人唠嗑一样。有时候我们来到一座坟前，发现那里已经有无数对燃尽的香蜡，鞭炮的纸屑撒了一地，这就说明族里已经有人事先上过这棺坟。

家族的概念虽然正在淡化下去，但对于祭祖这样的传统仪式来说，家族的概念会又一次迅疾地浮现上来。家族各支系的后裔们在坟场里巧遇，有的认识，有的不认识，虽然这座坟的位置是由长辈牢牢记住并告谕给后代，但像这样为了同一个目的的家族聚会毕竟太少，于是大家就在坟前坐下来，商议着是不是该重新换一块更大更坚实的石碑，是不是该在碑文上添一个新生婴儿的名字，是不是该续修一次族谱等等。总之，关于家族的记忆，在这个特殊的日子里又重新被唤醒。大家坐在日色迷蒙花香塞鼻的坟场里，共同重温祖先的恩德和勇气，思考家族中每一个后来者未来的命运。

东山客家人的丧葬习俗。后裔们以长久的无处不在的下跪来表达对先人的感激。

在这里我想提到逝去的外公，那个曾经坐在洛带公园茶馆里等待顾客的厨师。除了做得一手绝妙的客家菜，外公还是当地村落的大队支书，是一个备受尊崇的人。然而他的威望不是来源于厨师这门手艺和支书这顶官帽，而是来源于一个客家人的坚韧和勤劳。在故乡的村落里，他是把庄稼伺候得最好的人，村里的客家人都说，他是一个跟野草和贫瘠的土地有仇的人，他的地里没有哪怕一根稗草，土地肥沃疏松，庄稼长得像最美的姑娘一样水灵。当然这样的勤奋耕作是需要付出代价的，长期日出而作、日落而息的超负荷劳动，使他的腿弯得像牛角，脊背弯得像一只虾。像外公这等年纪的客家人是闲不来的，他们一年四季跟土地打交道，感受到这片土壤充沛的地力和旺盛的生机，就跟鱼与水的亲密关系一样，离开土地和劳动，他们的生命就衰败和枯萎了。

外公卧病在床的时候，得的是肝癌，剧烈的疼痛和无法进食的饥饿，使他原本就佝偻的身体抽搐成一团。这时候他只有一个愿望，那就是死后请不要将他火化，而是让他平静地躺在故乡的土地之中，就像一个劳累的人舒适地躺在铺满稻草的床上一样，身体的肌肤和筋脉能感到床榻的温暖和竹席的清凉。唯有如此，他才会感到自己的一生是跟土地有缘的。一个客家人不管他怎样活，怎样蹦跶，土地终究是他的宿命。

现在当我们这些离开故土的后裔以感恩的方式追述前辈的恩德时，还有一件事无法忘怀，那就是这些目不识丁的前辈对子孙教育的重视。耕读传家，这是每一个客家人恪守的生活诺言。

我的外公生养过五个孩子，然而存活下来的只有两个女儿。外公本人不识字，他当大队支书完全是因为他的威望、勤劳和对于公共事务的热爱，每当有当地村落的客家人拿着各式各样的文稿来请外公盖大队的公章时，外公只能请我们帮着阅读，然后根据他自己的判断决定盖与不盖。这一点，其实并不妨碍他对两个女儿教育的关怀。众所周知，客家村落的妇女是客家社会中的顶梁柱，她们在各方面的地位并不逊于男性，因此外公的大女儿当时读完了大专，小女儿也读完了高中，是村子里能文能武的人。我在《客家人》一书的前言“钢铁是怎样炼成的”一文中，曾经详细描绘过成都客家人的教育观点和实践。由于客家妇女独立的地位，因此我的父亲是倒插门依附在我外公和母亲家的。外公除了节衣缩食让两个女儿都受到好的教育外，还曾经收养过几个干儿子干女儿，他们大多是客家村落里生活极其贫困，乃至于无力上学的孩子。后来这些靠外公周济生活和学费的孩子大多考上了大学，他们一直称呼我外公为“阿爸”，视为自己最亲爱的人。有时候，这些曾经得到过外公周济的叔叔阿姨跟我们谈起外公对他们的恩情，仍止不住泪水涟涟，唏

在日复一日劳作的间歇，客家人也会因为亲友的团聚而露出笑靥。（摄于洛带镇下街）

嘘痛哭。这种真实的情感其实是客家人固有的精神，丝毫没有矫饰和虚伪的成分。

1981 年和 1983 年，外公两个女儿的大孩子分别考上北京大学和北京师范大学，带着故乡的泥土求学和闯荡天下去了。其实对于我们这些好像给祖先争了光的后裔来说，自己的成绩太过渺小，所有虚幻的荣光都应该归属于故乡那片泥土和先人的恩赐。直到现在，我仍然清楚地意识到，我在故乡村落中学到的不仅仅是简单的书本知识，而是做人的道理，是面对生活和困难的勇气，是如何保持一个客家人纯美的品质。

回想外公慈祥坚毅的面影，我总是会联想到故乡饱满而含蓄的稻米，我从来没有看见过外公放声大笑，我的家族里也没有人会放声大笑，我们的笑都像一个模子铸出来的，含蓄收敛、忧伤。我想这是客家人迁徙的历史和含辛茹苦的境遇造成的。在太阳毒辣的夏季，外公叫我们放下手中的书本，顶着烈日在田地里参加劳动，他像一个不讲情面的长官逼迫士兵参加最艰苦的训练，他知道在他们未来的道路上需要怎样的品质去断拼，去闯荡。

2005 年夏季，在美国一所大学当教授的表哥回成都探亲，我们家族的人在故乡的老屋举行了一次盛大的聚会。当我们坐在老屋的厅堂里重温祖先的恩情时，所有人的声音都突然喑哑了，因为大家发现有 7 年没见面的表哥其言谈举止跟外公一模一样：秃顶，笑容含蓄，嘴角微瘪，左撇子……然后大家把目光转向我，也惊诧地发现了我跟外公的相像处：微微驼背，平静，忧伤，坚毅……这样的发现令家族中的人既兴奋又伤感，外婆用手指一指墙上挂着的外公遗像，他深邃、平静、忧伤的目光俯视着众人。在他的目光背后，隐藏着一部完整的客家历史和不可言说的心灵秘史。